O SPLEEN DE PARIS

Pequenos poemas em prosa

Livros do autor na Coleção **L&PM** POCKET:

Paraísos artificiais
O spleen de Paris: pequenos poemas em prosa

CHARLES
BAUDELAIRE

O SPLEEN DE PARIS

Pequenos poemas em prosa

Tradução de Alessandro Zir

www.lpm.com.br
L&PM POCKET

Coleção **L&PM** POCKET, vol. 1208

Texto de acordo com a nova ortografia.
Título original: *Le Spleen de Paris: Petits Poèmes en Prose*

Primeira edição na Coleção **L&PM** POCKET: abril de 2016
Esta reimpressão: março de 2020

Tradução: Alessandro Zir
Capa: Ivan Pinheiro Machado. *Ilustração*: Shutterstock
Preparação: Jó Saldanha
Revisão: Patrícia Yurgel

CIP-Brasil. Catalogação na publicação
Sindicato Nacional dos Editores de Livros, RJ.

B339s

Baudelaire, Charles, 1821-1867
O spleen de Paris: pequenos poemas em prosa / Charles Baudelaire; tradução Alessandro Zir. – Porto Alegre, RS: L&PM, 2020.
176 p. ; 18 cm. (Coleção L&PM POCKET, v. 1208)

Tradução de: *Le Spleen de Paris: Petits Poèmes en Prose*
ISBN 978-85-254-3373-2

1. Ficção francesa. 2. Poesia francesa. I. Zir, Alessandro. II. Título.

16-29682 CDD: 841
CDU: 821.133.1-1

Rua Comendador Coruja, 314, loja 9 – Floresta – 90.220-180
Porto Alegre – RS – Brasil / Fone: 51.3225.5777

Pedidos & Depto. Comercial: vendas@lpm.com.br
Fale conosco: info@lpm.com.br
www.lpm.com.br

Impresso no Brasil
Verão de 2020

Charles Baudelaire

por *Gilda Neves Bittencourt**

Nasceu em Paris, em 1821, filho de François Baudelaire e Caroline Archimbaut Dufaÿs. O pai morreu em 1827 e, um ano depois, a mãe casou-se com Jacques Aupick, militar de carreira. Estudou no Colégio Real de Lyon e na Escola de Direito de Paris. Tentando livrá-lo dos hábitos devassos, o padrasto o enviou a Calcutá. De volta a Paris, redigiu textos críticos e os primeiros poemas de *As flores do mal* e escreveu "Paraísos artificiais" sob a inspiração de drogas. Em 1847, conheceu a obra de Poe e, em 1852, traduziu *Histórias extraordinárias.* Publicou poemas em revistas, reunindo-os em 1857, na primeira edição de *As flores do mal*, censurada por ferir a moral da época. Em 1866, sua saúde se agravou, morrendo nos braços da mãe em agosto de 1867.

Baudelaire foi um dos poetas mais geniais da literatura ocidental, verdadeiro divisor de águas em relação ao cânone estético que vigorava na primeira metade do século XIX. Com

---

* Gilda Neves Bittencourt, professora associada de Teoria Literária e Literatura Comparada (UFRGS), é autora de *O conto sul-rio-grandense: tradição e modernidade.*

aguda sensibilidade, percebeu as transformações que se operavam nas grandes metrópoles, onde sobressaía a vida urbana e os hábitos de uma sociedade citadina que passavam a exigir do poeta um olhar diferente, que expressasse com maior fidelidade as novas condições de vida. Vivendo em Paris, a "capital do século XIX", Baudelaire pôde acompanhar de perto as mudanças que deram um novo perfil àquela metrópole, até então apertada em meio a ruelas e becos tortuosos, de herança medieval, ganhando a partir daí um traçado moderno que abriu extensos quarteirões com avenidas e calçadas largas.

O desenvolvimento da cidade trouxe novos hábitos de consumo com o incremento do comércio, provocando o aparecimento das chamadas "passagens", que reuniam várias lojas numa maneira inovadora de oferecer produtos ao abrigo das intempéries. Essas modificações se refletiram no surgimento de hábitos da sociedade parisiense e de tipos sociais, como a figura do *flâneur*, retratado em vários poemas de Baudelaire como aquele sujeito errante que percorre as ruas da cidade observando a multidão em torno. Essa mesma multidão o poeta parisiense já havia reconhecido ao descobrir Edgar Allan Poe, com quem se identificou em vários pontos e cuja obra traduziu em parte, tornando o escritor norte-americano conhecido na França e, por conseguinte, na Europa. No poema "A uma passante" de *As flores do mal*, Baudelaire expressa um sentimento de fugacidade e permanência que deveria estar presente no poeta moderno; em meio aos ruídos da rua, a passante surge e desaparece, num instante fugaz, mas o suficiente para impressionar para sempre a sensibilidade do poeta. Embora os versos de Baudelaire não mostrem explicitamente a cidade de Paris, ele focalizou em sua poesia lugares mundanos e uma variedade de tipos parisienses representantes das classes desfavorecidas.

Ao mostrar assim a realidade, Baudelaire fazia emergir de seus versos uma nova poética que resultava em valores e sentidos inovadores, evidenciando um modo distinto de conceber a arte. Desta forma, o olhar diferente e a intensidade com que o poeta abordou o mundo urbanizado, tanto em seus poemas, como nos escritos críticos, evidencia uma ligação precursora com a modernidade. A criação deste termo é também obra do poeta parisiense que em um texto famoso, cujo título é "O pintor da vida moderna", analisa a obra do pintor Constantin Guys, afirmando que o pintor moderno não deve expressar o que vê, mas o que sente, e como sente. No efêmero, o artista moderno deverá procurar pelo eterno.

Dotado de extrema sensibilidade, Baudelaire colocou lado a lado as distintas experiências dos sentidos, provocando sensações sinestésicas, como acontece no poema "Correspondências", de *As flores do mal*, considerado o poema-manifesto do Simbolismo, fazendo de seu autor o grande precursor da nova corrente estética. Esse viés, que também remete à modernidade, foi reconhecido pelo crítico Edmond Wilson em *O castelo de Axel*, livro no qual associa Poe e Baudelaire à estética simbolista.

O livro *O spleen de Paris: pequenos poemas em prosa*, objeto desta nova edição, é um conjunto de 51 poemas (todos em prosa, exceto o Epílogo que é em versos) publicados em 1869, dois anos após a morte do poeta. Apresentados numa sequência aleatória, sem princípio nem final, os poemas de *O spleen de Paris*, além de inovarem na sua forma poética, focalizam a vida parisiense contemporânea de Baudelaire, retratando o espetáculo insólito das ruas da metrópole. Assim, a temática da cidade grande, restrita aos *Tableaux Parisiens* (Quadros Parisienses) em *As flores do mal*, está presente na totalidade dos poemas em prosa, descrevendo um espaço mundano, vibrante e modernizado.

Charles Baudelaire foi uma das mais controversas personalidades da literatura francesa e um dos maiores poetas universais. Sua maneira de sentir, moderna à sua época, é urbana, e, por tê-la entendido deste modo, tornou-se o grande representante da modernidade.

O SPLEEN DE PARIS

Pequenos poemas em prosa

A Arsène Houssaye

Meu caro amigo, envio-lhe um pequeno trabalho, do qual não se poderia dizer, sem cometer injustiça, que não tem pé nem cabeça, porque, ao contrário, estão ambos aí presentes, recíprocos e alternantes. Rogo que considere a admirável comodidade que essa combinação representa para todos: para você, para mim e para o leitor. Podemos cortar onde quisermos, eu a minha fantasia, você o manuscrito, o leitor a sua leitura, pois a vontade que ele já tem relutante não submeto ao fio interminável de uma intriga supérflua. Levante uma vértebra, e os dois pedaços restantes dessa quimera tortuosa não vão ter dificuldade em voltar a se reunir. Faça ela em picadinhos, e cada um dos seus fragmentos vai poder existir separado. Na esperança de que alguns desses pedaços se mostrem vivos o suficiente para atrair a sua atenção e diverti-lo, ouso dedicar-lhe a serpente inteirinha.

Tenho de confessar-lhe uma coisa. Foi ao folhear, ao menos pela vigésima vez, o célebre Gaspard de la Nuit, *de Aloysius Bertrand (não tem ele o direito de ser chamado de* célebre, *um livro conhecido por você, por mim e alguns de nossos amigos?*), *que me ocorreu a ideia de tentar algo parecido, e aplicar à descrição da vida moderna, ou melhor, de* uma vida moderna e mais abstrata, *o procedimento que ele empregou, tão estranho e pitoresco, na descrição da vida de outros tempos.*

Qual de nós, em dias de ambição, não sonhou com o milagre de uma prosa poética, musical, sem ritmo e sem rima, flexível e contrastante o suficiente para se adaptar aos movimentos líricos da alma, ao oscilar das divagações, aos sobressaltos da consciência?

É sobretudo da vida nas grandes cidades, do cruzamento de suas inumeráveis correlações, que nasce esse ideal obsedante. Você mesmo, caro amigo, por acaso não tentou traduzir em uma canção o grito estridente do vidraceiro, e exprimir em prosa lírica todas as sugestões desoladoras que esse grito envia até as águas-furtadas, escalando a bruma espessa das ruas?

Mas, para falar a verdade, temo que meu ciúme não tenha me trazido felicidade. Assim que comecei o trabalho, percebi não apenas que permanecia muito aquém do meu misterioso e brilhante modelo, mas ainda que fazia uma coisa (se é possível chamar isso de coisa) singularmente diferente, acidente do qual um outro autor se orgulharia, sem dúvida, mas que não pode senão humilhar profundamente um espírito que considera que a honra maior do poeta é realizar justo *aquilo que ele projetou fazer.*

Do seu amigo,
C.B.

I

O estrangeiro

– Diga-me, homem enigmático, a quem você mais ama? Seu pai, sua mãe, sua irmã ou seu irmão?

– Nem pai, nem mãe, nem irmã, nem irmão eu tenho.

– Amigos?

– O senhor se vale de uma palavra cujo sentido até hoje me é desconhecido.

– Sua pátria?

– Não sei em que latitude ela se situaria.

– A beleza?

– De boa vontade eu a amava, deusa e imortal.

– O ouro?

– Eu o odeio tanto quanto o senhor odeia Deus.

– Estrangeiro fora do comum! Afinal, você não gosta de nada?

– Gosto das nuvens... das nuvens que passam longe... Das nuvens inacreditáveis!

II

O desespero da velha

Diante do menino, por todos festejado, por todos paparicado, a velhinha enrugada deteve-se faceira: bela criatura, tão frágil quanto a velha e, como ela, sem dentes nem cabelos.

E dele a velhinha também se aproximou, querendo agradá-lo com gestos e sorrisos.

Mas o menino horrorizado se debatia debaixo das carícias da boa senhora decrépita, e fazia a casa toda ressoar com seu alarido.

A boa velha então se recolheu à solidão que desde sempre a aguardava. Em um canto, repetia a si mesma entre lágrimas:

– Ah! Para nós, mulheres infelizes e velhas, passou a época de ser agradável, mesmo aos inocentes; e aos pequenos que desejamos amar, a esses apavoramos.

III

O *confiteor* do artista

Como são prementes os dias de outono! Ah! Prementes a ponto de machucar! Pois há certas sensações deliciosas cuja indefinição não exclui a intensidade; e não há nada mais pungente que a ponta do Infinito.

Que delícia indizível ter o olhar disperso na imensidão do céu e do mar! Solidão, silêncio, inocência incomparável do azul! A vela de uma pequena embarcação que vibra no horizonte, e que pelo seu tamanho diminuto e isolamento imita minha existência irremediável, melodia monótona do marulho; todas essas coisas pensam através de mim, ou eu penso através delas (pois, na desmesura do devaneio, o *eu* se perde depressa!); essas coisas pensam, eu digo, mas musicalmente e de forma pitoresca, sem argúcias, sem silogismos, sem deduções.

Em todo o caso, esses pensamentos, saiam eles de mim ou se lancem das coisas, cedo se tornam intensos. A energia que há na volúpia cria um mal-estar e um suspense positivos. Meus nervos retesados não proporcionam senão sensações gritantes e dolorosas.

E eis que a vastidão do céu me oprime, sua translucidez me exaspera. A falta de sensibilidade do mar, o caráter imutável do espetáculo me revoltam... Ah! Deve-se sofrer eternamente, ou eternamente fugir do belo? Natureza, feiticeira sem piedade, rival sempre vitoriosa, larga-me! Chega de provocar os meus desejos e o meu orgulho! O estudo do belo é um duelo no qual o artista grita de susto antes de ser vencido.

IV

Um tipo divertido

Era a explosão do ano-novo: um caos de barro e de neve, atravessado por mil carroças, cintilando de brinquedos e doces, fervilhando de cobiças e desesperos, delírio oficial de uma cidade grande feito sob medida para perturbar o cérebro do solitário mais arredio.

Em meio a essa zoeira e barafunda, um asno trotava alerta, fustigado por um campônio armado de chicote.

Quando o animal estava prestes a fazer a curva numa esquina, um belo senhor de luvas, sapatos reluzentes, cruelmente engravatado e que mal se mexia no seu traje todo novo inclinou-se solene diante da humilde besta e lhe disse, tirando o chapéu:

– Feliz ano-novo!

Em seguida virou-se na direção de sabe-se quem, pleno de satisfação, como para colher os cumprimentos que lhe seriam prestados pelos amigos.

O asno passou reto pelo belo tipo, e continuou a correr zeloso conforme lhe era exigido pelo dever.

Quanto a mim, fui tomado de uma raiva inexprimível daquele magnífico imbecil, que me pareceu concentrar em si o verdadeiro espírito da França.

V

O quarto duplo

Um quarto que parece fruto de um devaneio, um quarto realmente *espiritual*, no qual a atmosfera estagnada se pinta de suaves tons de rosa e azul.

A alma aí toma um banho de preguiça, aromatizada pelo arrependimento e o desejo. É qualquer coisa de crepuscular, de azulado e de rosáceo; um sonho voluptuoso durante um eclipse.

Os móveis têm formas alongadas, prostradas, lânguidas. Os móveis dão a impressão de sonhar; dir-se-ia que são dotados de uma vida sonambúlica, como o vegetal e o mineral. As almofadas falam um idioma mudo, assim como as flores, assim como os céus, assim como os sóis que se põem.

Nas paredes, nenhuma abominação artística. Comparada ao sonho em estado puro, à impressão não analisada, a arte definida, a arte positiva é uma blasfêmia. Aqui, tudo tem a clareza suficiente da harmonia e sua deliciosa obscuridade.

Uma fragrância infinitesimal da escolha mais sofisticada, à qual se mistura uma muito sutil umidade, flutua nessa atmosfera onde o espírito, dormente, é embalado por sensações de estufa aquecida.

A musseline cai em abundância diante das janelas e diante da cama; ela se expande como uma espumosa cascata. Sobre o leito está deitado o Ídolo, a soberana dos sonhos. Mas como veio parar aqui? Quem a trouxe? Que poder mágico a instalou nesse trono de devaneio e de luxúria? Mas o que importa? Está aqui, e a reconheço!

Eis inconfundíveis seus olhos cuja chama atravessa o crepúsculo; sutis e terríveis espelhos cuja assustadora malícia reconheço! Eles atraem, eles subjugam, eles devoram o olhar do imprudente que os contempla. Muitas vezes os estudei, admirado e curioso como diante de um sol negro.

A que demônio bem-intencionado devo essa atmosfera envolvente de mistério, de paz e de perfumes? Oh beatitude! Aquilo que costumamos chamar de vida, mesmo nos momentos mais felizes de expansão, não tem nada de comum com essa vida suprema que agora experimento e saboreio a cada minuto, a cada segundo!

Não! Que minutos, que segundos? O tempo desapareceu; é a Eternidade que reina, uma eternidade de delícias!

Mas uma batida terrível, pesada, fez estremecer a porta e, como em um pesadelo infernal, senti ter levado uma agulhada na boca do estômago.

E em seguida um Espectro entrou. Um funcionário que vem me torturar em nome da lei; uma concubina infame que vem chorar misérias e acrescentar as trivialidades da sua vida às dores da minha; ou ainda o faz-tudo enviado pelo diretor do jornal a exigir a entrega do manuscrito.

O quarto paradisíaco, o ídolo, a soberana dos sonhos, a *Sílfide*, como dizia o grande René, toda essa magia desapareceu com a batida brutal do Espectro.

Que horror! Agora lembro, lembro! Sim! Esse pardieiro, residência do tédio eterno, é bem o meu. Aí está a mobília vulgar, coberta de pó, lascada; a lareira sem chama e sem brasa, imunda de escarros: as melancólicas janelas em que a chuva cavou sulcos na poeira; os manuscritos, riscados ou incompletos; o calendário onde o lápis ressaltou as datas fatídicas!

E esse perfume de outro mundo, no qual eu me embriagava com uma refinada sensibilidade, ai de mim! Foi substituído pelo cheiro fedorento de tabaco misturado a sabe-se lá que tipo de mofo. Respira-se já aqui o ranço da desolação.

Nesse mundinho pequeno, mas farto de desgosto, só um objeto conhecido me sorri: a garrafinha de láudano; velha e espantosa amiga; como todas as amigas, aliás! Fértil em carícias e traições.

Ah, sim! O Tempo está de volta, o Tempo reina agora soberano; e junto com o velho repugnante retornou o seu cortejo demoníaco de Lembranças, de Arrependimentos, de Espasmos, de Medos, de Angústias, de Pesadelos, de Cóleras, de Neuroses.

Eu lhes asseguro que todos os segundos são agora forte e solenemente acentuados, e cada um deles, brotando do pêndulo, diz:

– Sou a Vida, insuportável, implacável!

Não há senão um segundo na vida humana cuja missão é anunciar uma boa nova, a *boa nova* que faz eclodir em todos esse medo inexplicável.

Sim! Reina o Tempo, em sua brutal ditadura. Ele me conduz, como se um boi eu fosse, com seu duplo aguilhão:

– Anda! Puxa, burrico! Força, escravo! Vai, maldito!

VI

A cada um sua Quimera

Sob um pesado céu cinzento, numa planície ampla e empoeirada, sem caminhos, sem gramado, sem sequer um cardo, sem uma única urtiga, encontrei vários homens que marchavam encurvados.

Cada qual trazia nas costas uma enorme Quimera, pesada como um saco de farinha ou de carvão, ou como o equipamento de um soldado romano.

Mas a monstruosa besta não ficava um centímetro parada; ao contrário, ela cobria e oprimia o homem com seus músculos elásticos e vigorosos; ela se cravava com suas enormes garras ao tórax da sua montaria; e sua cabeça fabulosa coroava a fronte do homem, como um desses elmos horríveis usados por antigos guerreiros a fim de aumentar o terror dos inimigos.

Dirigi-me a um desses homens e perguntei aonde iam dessa forma. Ele me respondeu que nada sabia, nem ele e nem os outros; mas que iam evidentemente a algum lugar, pois eram levados por uma invencível necessidade de marchar.

Coisa curiosa: nenhum desses viajantes parecia incomodado com a besta feroz que trazia nas costas, agarrada ao seu pescoço; dir-se-ia que a consideravam como uma parte deles mesmos. Todos esses semblantes carregados e sérios não testemunhavam nenhum desespero; sob a cúpula do céu melancólico, com os pés chafurdados na poeira de um chão não menos desolado que o céu, eles avançavam com o olhar resignado daqueles cuja condenação é esperar sempre.

E o cortejo passou por mim e desapareceu na atmosfera do horizonte, aquele lugar em que a superfície arredondada do planeta se furta à curiosidade do olhar humano.

E durante alguns instantes, não pude deixar de cismar com aquele mistério; mas logo a irresistível Indiferença caiu sobre mim, prostrando-me de tal maneira que a eles não os prostravam as suas debilitantes Quimeras.

VII

O Louco e a Vênus

Que dia maravilhoso! O vasto parque se deleita sob o irradiar intenso do sol, assim como a juventude sob o domínio do Amor.

O êxtase universal das coisas não se trai por nenhum ruído; os próprios córregos parecem dormir. Diferentemente das festas humanas, a orgia aqui é silenciosa.

Uma luz cada vez mais ardente faz brilhar e brilhar os objetos; as flores excitadas queimam do desejo de rivalizar com o azul do céu pela energia das suas cores; o calor, tornando visíveis os perfumes, soergue-os até o astro, como vapores.

Entretanto, em meio a essa universal alegria, pude distinguir um ser aflito.

Aos pés de uma Vênus colossal, via-se um desses falsos loucos, um desses bufões que se prestam a divertir os reis quando o Remorso ou o Tédio os obseda; ataviado em um traje berrante e ridículo, coroado de cornos e de guizos, acachapado de encontro ao pedestal, dirigia ele os olhos cheios de lágrimas à divina Deusa.

Os olhos diziam:

– Sou o último e o mais solitário dos humanos, privado de amor e de amizade, e nisso muito inferior ao mais imperfeito dos animais. Fui criado, entretanto, também eu, para admirar e sentir a Beleza imortal! Ah, Deusa! Tenha piedade da minha tristeza e do meu delírio!

Mas a Vênus, implacável, mirava sabe-se lá o que no horizonte, com seus olhos de mármore.

VIII

O cachorro e o frasco

– Que fofo, que amado, que lindo cãozinho; venha cá cheirar este excelente perfume comprado na melhor botica da cidade.

E o cachorro, abanando o rabo, gesto que creio ser o equivalente do riso e do sorriso entre essas pobres criaturas, aproximou-se e apoiou curioso o focinho úmido na boca do frasco destampado; depois, recuando de um pulo, ainda latiu contra mim, como para reclamar.

– Ah, cachorro maldito, se eu lhe tivesse oferecido um pacote de excrementos, você o farejaria deliciado, e possivelmente o devorava. E assim, companheiro indigno da minha triste vida, descubro-te tal qual o público, a quem não convém jamais oferecer perfumes delicados, que o exasperam, mas vilezas cuidadosamente escolhidas.

IX

O mau vidraceiro

Há tipos naturalmente contemplativos e que não são feitos para agir. Levados, entretanto, por um impulso misterioso e desconhecido, são capazes de agir com uma rapidez da qual eles próprios não se acreditariam capazes.

Um tipo que, temendo receber do porteiro uma má notícia, hesita por uma hora diante da própria porta sem ousar entrar, um tipo que guarda consigo uma carta por quinze dias sem abrir o envelope, um tipo que leva ainda seis meses para tomar uma iniciativa aguardada há anos: todos esses, em algum momento, sentem-se irresistivelmente levados à ação por uma força brusca, como a flecha lançada de um arco. O moralista e o médico, que pretendem tudo saber, não podem explicar de onde irrompe tamanha energia em almas preguiçosas e lânguidas, e como, incapazes de realizar as coisas mais simples e necessárias, elas encontram em certas ocasiões aquele excedente de coragem que lhes permite executar os atos mais absurdos e muitas vezes os mais temerários.

Um dos meus amigos, o sonhador mais inofensivo que já existiu, incendiou uma vez uma floresta apenas para ver, defendia-se ele, se o fogo se alastrava mesmo com a facilidade que geralmente se afirma. Por dez vezes seguidas o experimento falhou, mas na décima primeira tentativa o resultado foi tremendo.

Haverá quem acenda um charuto ao lado de um barril de pólvora *apenas para ver, para tentar a sorte ou por curiosidade*, exigindo de si mesmo uma prova de ousadia, bancando o espertalhão que se dá ao luxo de alguma ansiedade, de um capricho despropositado, de uma loucura.

Esse é um tipo de energia que surge do tédio e da fantasia; aqueles em que ela se manifesta de forma tão determinada são, em geral, como disse, os indivíduos mais indolentes e sonhadores.

Um outro, tímido a ponto de que até o olhar das pessoas o incomoda, daqueles que precisam reunir todas as suas parcas forças para entrar em um café ou teatro, porque os coletores de bilhetes lhe parecem mais majestosos que Minos, Eaco e Radamante – esse por pouco não estrangula o velhinho que lhe passa ao lado, tal é o entusiasmo com que o abraça diante da multidão espantada.

Por quê? Porque... porque não conseguiu resistir à simpatia daquele semblante? Talvez, mas faz mais sentido pensar que nem ele saiba o porquê.

Mais de uma vez fui vítima desses acessos, desses arrebatamentos repentinos, que nos autorizam a pensar que demônios maliciosos se insinuam em nós, obrigando-nos a dar vazão, sem nem mesmo percebermos, aos seus impulsos mais absurdos.

Uma manhã, mal-humorado e triste, cansado da mesmice, levantei-me aparentemente disposto a realizar um grande feito. Um feito tremendo, estrondoso! Foi assim que abri a janela.

(Peço que considerem que o talento mistificador, que em algumas pessoas não resulta de um trabalho ou estratégia, mas da inspiração fortuita, é um elemento-chave, pelo menos quanto à força do desejo, dessa disposição, histérica segundo os médicos, satânica segundo aqueles que pensam um pouco melhor que os médicos, a qual nos impele automaticamente a uma série de ações perigosas e inconvenientes.)

A primeira pessoa que vi na rua foi um vidraceiro, cujo grito estridente e horroroso subiu até mim atravessando a pesada e suja atmosfera parisiense. Parece-me agora impossível dizer por que fui tomado, contra esse homem, de uma raiva tão repentina quanto despótica.

– Ei, ei! – gritei a fim de chamá-lo.

Meu quarto ficava no sexto andar, e a escada era bem estreita, foi o que refleti. E não pude deixar de sorrir diante da imagem do homem tendo de desviar, a todo o momento, ao subir, os cantos da sua frágil mercadoria.

Quando ele por fim apareceu, examinei curiosamente todos os vidros e disse:

– Mas como! O senhor não tem vidros coloridos? Nenhum vidro rosa, vermelho, azul? Nenhum vidro mágico, que abra a janela do paraíso? Mas que impertinência! O senhor vem passear no bairro dos pobres e não traz consigo nada que faça ver a beleza da vida?

E então empurrei-o com força em direção à escada, onde ele tropeçou resmungando.

Aproximei-me do parapeito, peguei um vasinho de flor e, logo que o homem reapareceu saindo pela porta, deixei cair perpendicularmente a minha máquina de guerra sobre a quina posterior dos seus cavaletes; o choque desequilibrou-o, e o homem terminou de quebrar sob as costas toda aquela sua miserável fortuna ambulante, que produziu o estrondo de um palácio de cristal atingido por um raio.

Exaltado com o meu feito, eu lhe gritava furioso:

– A beleza da vida! A beleza da vida!

Essas peças que os nervos nos pregam são muitas vezes perigosas, e podem custar caro. Mas o que importa a danação eterna a quem descobriu no espaço de um segundo a volúpia infinita?

X

À uma hora da manhã

Finalmente sozinho! Ouve-se apenas o barulho de alguns coches que ainda vagam esquecidos. Em poucas horas virá o silêncio, senão o repouso. Livre da face humana e sua tirania, só tenho de aguentar a mim.

Finalmente posso relaxar em um banho de trevas. Em primeiro lugar, dou volta dupla à chave na fechadura. O giro parece que vai prolongar a minha solidão e reforçar as barricadas que me separam do mundo.

Vida horrorosa! Cidade detestável! Nosso dia se resume a isto: ter ido a um encontro de literatos, um dos quais me pergunta se é possível ir por terra à Rússia (que ele certamente tomava por uma ilha); ter discutido até o esgotamento com o editor de uma revista que a cada objeção respondia: “Aqui, fazemos valer a opinião dos homens de bem”, como se todas as outras publicações fossem escritas por canalhas; ter cumprimentado uma vintena de pessoas, quinze das quais totalmente desconhecidas; ter dado a mão a outras tantas, havendo ainda por cima me esquecido de comprar umas luvas; ter subido ao apartamento de uma atriz, para escapar de um pé d’água, e ouvi-la implorar para que eu lhe desenhasse um traje de *Venusa*; ter feito uma visita a um diretor de teatro que logo me despachou dizendo:

– Por que é que o senhor não procura Z... ? Ele é o mais lerdo, o mais imbecil e o mais célebre de todos os meus dramaturgos. É possível que ele lhe proponha alguma coisa. Procure-o, que depois voltamos a conversar.

Além disso, ter me gabado (por quê?) de uma série de vilanias que jamais cometi, e ter deixado de admitir, por covardia, outras maldades que com prazer pratiquei: delitos de fanfarrice, crimes respeitáveis; ter deixado de atender ao pedido de um amigo e ter escrito uma carta de recomendação a um completo idiota! Será que falta alguma coisa?

Descontente com todos e descontente comigo, o que eu gostaria é de me ausentar, de me envaidecer um pouco no silêncio e na solidão da noite. Almas daqueles que amei, almas daqueles que cantei, fortificai-me, apoiai-me, afastai de mim a mentira e as exalações nocivas do mundo; e vós, Senhor meu Deus! Concedei-me a graça de produzir alguns belos versos que provem a mim mesmo que não sou o último dos homens, que não sou inferior àqueles que desprezo!

XI

A mulher selvagem e a amante coquete

– Sinceramente, minha cara: você me cansa além da conta e sem piedade; alguém que ouvisse seus suspiros poderia pensar que seu sofrimento é maior que o dessas sexagenárias obrigadas ao trabalho duro nas plantações, maior que o de uma velha mendiga catando migalhas em porta de restaurante.

"Se ao menos os seus suspiros exprimissem algum remorso, eles lhe confeririam alguma dignidade; mas não manifestam senão o fastio da saciedade e a fadiga do repouso; além disso, você se multiplica em palavras inúteis:

"– Preciso tanto do seu amor! Do seu consolo, do seu carinho!

"Acalme-se. Tenho uma ideia de como fazê-la melhorar, talvez. Sem gastar muito, no meio do populacho em festa, não longe daqui.

"Então, por favor, agora preste atenção a essa sólida jaula de ferro, e ao monstro peludo que nela se agita. Ele urra como um condenado ao inferno, sacode as barras como um orangotango enfurecido no exílio e imita à perfeição tanto os saltos circulares do tigre quanto o estúpido balouçar do urso branco. Mas você por acaso não percebe a semelhança que há entre a forma dele e a sua?

"Pois esse monstro é mesmo um desses animais que geralmente chamamos *meu anjo*! Quer dizer, uma mulher. O outro monstro, de vara em punho, que grita a ponto de nos fazer estourar os tímpanos, é um marido. Ele enjaulou a esposa legítima como um animal, e ele a expõe na periferia da cidade, em dias de feira, com a autorização das autoridades, não preciso dizer.

"Atenção! Observe bem com que voracidade (provavelmente autêntica!) ela estraçalha vivos os coelhos e devora ainda piando as avezinhas que lhe atira o seu treinador.

"– Agora, basta. Convém deixar um pouco de comida para o dia seguinte – é o que ele diz, e com essas sábias palavras arranca-lhe cruelmente a presa, cujas tripas arrebentadas prendem-se por um instante aos dentes da fera, quer dizer, da mulher.

"Coragem! Pelos olhares vorazes com que ela dardeja a comida que lhe foi tirada, parece estar precisando, para se acalmar, de um belo golpe de vara. E, Deus misericordioso, a vara não é de brinquedo! Você não ouviu o estalar da carne por baixo dos pelos postiços? Os olhos agora lhe saltam das órbitas. Os urros são ainda *mais espontâneos*. Possuída, ela lança chispas por todos os lados, como um ferro batido na forja.

"Tais são os hábitos conjugais desses dois descendentes de Adão e Eva, obras saídas das suas próprias mãos, meu Deus! É impossível negar a infelicidade dessa mulher, apesar de não lhe ser desconhecido o gáudio da fama. Outros sofrimentos são mais difíceis de remediar, e não trazem nenhum tipo de compensação. Mas no mundo em que ela foi jogada, nunca lhe ocorreu que uma esposa merecesse outro destino.

"E agora de volta ao que nos interessa, minha joia rara! Diante de todos os infernos de que o mundo é feito, quer que eu pense o que do seu, em particular? Você que não descansa senão sobre almofadas tão macias quanto a sua pele, que só come carne cozida, cujos pedaços lhe são cortados e servidos por uma hábil copeira?

"E que significado poderia eu atribuir a todos esses suspiros, que fazem aumentar o seu busto perfumado e bem nutrido? E a todas essas afetações aprendidas nos livros, e a essa incansável melancolia, feita para despertar sentimentos muito diversos da compaixão? A verdade é que, às vezes, tenho ganas de fazer você sofrer de verdade.

"Quem a visse assim frágil e desprotegida, com os pés a tocar no lodo, e os olhos esvaídos, revirados para o céu, como à espera de um rei, poderia muito bem tomá-la por alguma rãzinha em busca de um ideal. Se você despreza um bom barrote (e não sou outra coisa no momento), tome cuidado com o grou que, apanhando-a com o bico, não precisa nem mesmo mastigar para engoli-la!*

"Embora eu possa ser poeta, não sou tão bobo quanto você imagina, e se você voltar a me cansar com essa cantilena nas outras vezes em que eu vier aqui, dou-lhe o tratamento que merece: o de mulher selvagem. Ou jogo-a pela janela como uma garrafa vazia."

* Todo esse parágrafo é uma alusão à fábula de La Fontaine *As rãs pedem um rei*, em que Júpiter atende ao pedido dessas atirando-lhes do céu um barrote (com que elas se entediam), e em seguida enviando-lhes um grou, que as devora. (N.T.)

XII

As massas

Tomar um banho de multidão não é coisa para qualquer um. Dominar a massa é uma arte. E só pode entregar-se a uma orgia de vitalidade às expensas do gênero humano aquele em quem uma fada insuflou, desde o berço, o gosto pelo disfarce e as máscaras, o ódio a casa e uma paixão nômade.

Multidão, solidão: termos equivalentes e intercambiáveis para o poeta atento e fecundo. Quem não sabe povoar a sua solidão tampouco é capaz de isolar-se em meio à aglomeração barulhenta.

O poeta goza desse incomparável privilégio: poder ser, a seu bel-prazer, ele mesmo ou um outro. Como essas almas penadas que buscam um corpo, ele assume o personagem de qualquer um. É para ele que tudo está vago, e se algumas portas parecem se fechar à sua chegada, é porque a seus olhos tais locais não valem a pena de uma visita.

Quem sai para caminhar sozinho e pensativo obtém um prazer singular dessa comunhão universal. Aquele que se entrega de boa vontade às massas descobre alegrias febris de que será privado eternamente o egoísta, trancafiado como cofre, e o preguiçoso, encovado como molusco. Ele adota como suas todas as profissões, todas as alegrias e todas as misérias que a ocasião lhe apresenta.

Aquilo que os homens chamam amor é bem pouco, bem restrito e bem débil comparado a essa inefável orgia, a essa santa prostituição da alma que se dá por inteiro, poesia e caridade, ao imprevisto que surge, ao desconhecido que passa.

Aos afortunados deste mundo vale a pena por vezes mostrar, nem que seja para ferir o seu orgulho tosco, que há alegrias superiores às suas, mais vastas e mais refinadas. Os fundadores de colônias, os pastores dos povos, os padres missionários exilados no fim do mundo conheciam sem dúvida algo dessa embriaguez misteriosa; e em meio à ampla família criada pelo seu gênio, deviam por vezes rir-se daqueles que lhes lamentavam a sorte atribulada e a vida tão casta.

XIII

As viúvas

Vauvenargues diz que nos jardins públicos há caminhos assombrados por ambições frustradas, por inventores malsucedidos, por glórias que se abortaram, por corações que se partiram, por todas essas almas tumultuosas e contidas, em que trovejam ainda os últimos suspiros de uma tempestade, e que se retiram para longe da insolência dos olhares felizes e ociosos. Esses recantos sombrios são os locais de encontro dos estropiados da vida.

É, sobretudo, para lá que o poeta e o filósofo gostam de dirigir suas conjecturas mais ousadas. O terreno aí é fértil. Pois se há um local, como tenho insinuado, que eles desdenham, esse é aquele onde se divertem os ricos. Esse tipo de agitação lhes parece vazia e pouco atraente. Eles se sentem irresistivelmente atraídos, ao contrário, por tudo aquilo que é fraco, triste, pelo que está em ruínas, abandonado.

Um olho experiente nunca se engana. Nesses semblantes endurecidos ou debilitados, nesses olhos encovados e sem brilho, ou naqueles em que refulgem os derradeiros clarões de uma luta, nessas rugas profundas e numerosas, nesses passos lentos que tanto hesitam, ele decifra, imediatamente, inumeráveis histórias de traição amorosa, sacrifícios ignorados, esforços mal recompensados, a fome e o frio suportados de forma despretensiosa, sem alarde.

Já lhe aconteceu alguma vez de prestar atenção nessas viúvas sentadas em bancos solitários, nessas viúvas pobres? Estejam ou não de luto, reconhecê-las é fácil. E no luto do pobre, além disso, há sempre algo que falta, uma ausência de harmonia que o torna ainda mais aflitivo. O pobre é obrigado a economizar na sua dor. O rico ostenta a sua com toda a pompa.

Qual é a viúva mais triste, a que mais nos entristece? Aquela que traz pela mão uma criança com a qual não pode compartilhar as suas divagações, ou aquela que está realmente sozinha? Não sei... Já me aconteceu de seguir durante horas uma dessas velhas aflitas; empedernida sob um xalezinho gasto, era toda ela de uma dureza, de uma rigidez estoica.

Estava evidentemente condenada, por uma solidão absoluta, a uma vida de velho celibatário, e o aspecto masculinizado dos seus modos austeros tinha algo de picante e misterioso. Nem mesmo imagino em que estabelecimento miserável ela tenha conseguido almoçar. Segui-a até uma sala de leitura e observei-a durante um bom tempo, enquanto ela, com olhos outrora queimados de lágrimas, folheava revistas à procura de notícias comoventes e de interesse pessoal.

Enfim, em um início de tarde, sob um belo céu de outono, um desses céus de onde desce uma massa de arrependimentos e lembranças, ela se senta no canto de um jardim público, para ouvir, afastada da multidão, um desses concertos oferecidos aos parisienses pelas bandas militares.

Era esse, sem dúvida, o maior luxo a que se permitia essa velha inocente (ou purgada pelo tempo), a consolação merecida depois de todos esses dias sem amigos, sem conversas, sem alegrias, sem uma alma com a qual se abrir. Dias enfadonhos que Deus lhe enviava há anos, quem sabe, trezentos e sessenta e cinco vezes por ano!

Mas há mais:

Nunca fui capaz de me impedir de lançar um olhar ao menos curioso, senão de simpatia irrestrita, sobre essa massa de párias que se espremem ao redor do cercado de um concerto público. A orquestra faz ecoar através da noite cantos de festa, triunfo, volúpia. Vestidos esplendorosos se arrastam; olhares se cruzam; os ociosos, cansados de nada fazer, se balançam, fingindo se entregar à música. Vê-se apenas a riqueza, o sucesso; a atmosfera é de total despreocupação, um convite para aproveitar a vida; exceto pelo aspecto dessa turba apoiada, lá longe, sobre a paliçada, e que, atenta à flamejante fornalha interior, apanha de graça, ao sabor do vento, um que outro retalho de música.

Esse refletir da alegria do rico no fundo do olho do pobre nunca deixa de ser intrigante. Mas naquele dia, no meio desse povo vestido de chita ou avental, pude distinguir uma criatura cuja surpreendente nobreza de forma alguma se deixava encaixar naquele ambiente ordinário.

Era uma mulher alta, majestosa, e de um ar tão nobre que não lembro de ter visto nada de parecido nas coleções de belezas aristocráticas do passado. Um quê de virtude altaneira emanava de toda a sua pessoa. O rosto, triste e adelgaçado, condizia perfeitamente com seu vestido de luto. E assim como a plebe a que estava misturada e à qual não prestava atenção, ela também tinha os olhos profundamente absortos naquele mundo luminoso, que escutava balouçando a cabeça de um modo quase imperceptível.

Imagem sem igual!

– Sem dúvida – digo a mim mesmo –, essa pobreza, se de fato é pobreza, não admite nenhuma economia sórdida. É o que diz o rosto. Por que, então, quis ela permanecer neste meio, do qual tão dissonantemente destoa?

Movido pela curiosidade, passei ao seu lado, e foi quando acreditei ter descoberto uma explicação. A viúva trazia pela mão uma criança vestida, como ela, de preto; por menor que fosse o preço do ingresso, a quantia poderia ser usada para atender alguma das necessidades da criaturinha, ou melhor ainda: para comprar-lhe alguma bobagem, um brinquedo.

E a viúva vai voltar a pé para casa, refletindo, divagando consigo mesma, sempre consigo mesma; pois o menino é turbulento, egoísta, impaciente e desprovido de doçura; ele é incapaz, como qualquer animal, como um gato, um cachorro, de servir de confidente às dores solitárias.

XIV

O velho saltimbanco

Por toda parte se espalhava, se expandia, se evadia o povo de folga. Era uma dessas datas solenes há muito esperadas pelos malabaristas, os mágicos, os expositores de animais, os vendedores ambulantes, para compensar os períodos difíceis do ano.

Nesses dias parece que o povo se esquece de tudo, das dores e do trabalho, e volta a ser criança. Para os pequenos, é como adiar a tortura da escola por 24 horas. Para os adultos é um armistício que se faz com as potências maléficas da vida, uma pausa para respiração em meio à disputa e à guerra universais.

Nem mesmo o homem cultivado e o homem dedicado ao trabalho intelectual escapam da influência desse momento de júbilo popular. Eles absorvem, sem querer, a parte que lhes é devida nessa atmosfera despreocupada. Quanto a mim, bom parisiense que sou, não deixo jamais de visitar uma a uma todas essas bancas de exibição durante tais solenidades.

A concorrência que faziam entre si era, aliás, formidável. Piavam, mugiam e uivavam. Urros se misturavam ao fragor de latões e às detonações de fogos. Polichinelos e pantaleões convulsionavam em caretas as suas feições curtidas, enrugadas pelo vento, pela chuva e pelo sol; suas tiradas e zombarias, de um humor simples e robusto, como o de Molière, eram proferidas com a segurança de velhos comediantes. Hércules, orgulhosos da enormidade dos seus membros, desprovidos de cérebro e expressão tal qual orangotangos, se espreguiçavam majestosamente em seus maiôs, lavados no dia anterior, como pedia a ocasião. Dançarinas, belas como fadas ou princesas, saltavam e cabriolavam sob o facho das lanternas, que acendiam centelhas em suas saias.

Tudo se desfazia em luz, pó, gritos, exaltação, tumulto; uns despendiam, outros arrecadavam, todos eles com igual alegria. As crianças se dependuravam nas saias das mães para obter um pirulito, subiam nas costas dos pais a fim de ver um ilusionista resplandecente como um deus. E por tudo se espalhava, dominando sobre todos os perfumes, um cheiro de fritura que era como o incenso dessa festa.

Do outro lado, na ponta extrema dessa fila de barracas, como se, por alguma vergonha, ele tivesse se autoexilado de todas essas maravilhas, vi um pobre saltimbanco, corcunda, caduco, decrépito, uma ruína de homem, encostado numa das estacas da sua cabana; uma cabana mais miserável que aquela do selvagem mais bruto, e cuja pobreza extrema era ainda iluminada por dois cotos de vela fumacentos que ali pingavam.

Por todo o lado, alegria, ganho, deboche; por todo o lado, a certeza de que não poderia faltar o pão; por todo o lado, uma explosão frenética de vitalidade. Aqui a miséria absoluta, travestida, para o cúmulo do horror, em retalhos caricaturais, cujo contraste a necessidade, mais que o artifício, criara. Não ria nunca, o miserável! Também não chorava, não dançava, não gesticulava, não gritava; não cantava nenhuma canção, nem alegre nem triste, não implorava por nada. Mudo e imóvel, havia renunciado, abdicado. Sua sorte fora tirada.

Mas que olhar profundo, inesquecível, ele fazia perambular pela multidão e às luzes, cuja orla se detinha a poucos passos da sua repulsiva miséria! Senti minha garganta apertada pela mão terrível da histeria, e tive a impressão de que meus olhos eram ofuscados por lágrimas rebeldes, dessas que se recusam a correr.

Fazer o quê? De que serviria perguntar ao desgraçado qual era a curiosidade, qual era a maravilha que ele guardava naquela escuridão malcheirosa, atrás da sua cortina estropiada? Na verdade, faltou-me coragem; e embora você possa rir da minha timidez, confesso que temia humilhá-lo. Quando decidi por fim colocar, casualmente, algumas moedas sobre um dos seus bancos, para que ele adivinhasse meu propósito, uma chusma de gente, fugindo não sei de que, se moveu na minha direção, afastando-me dele.

Ao voltar para casa, ainda obcecado por aquela visão, eu procurava analisar minha dor repentina, e pensei: acabo de ver a figura de um velho literato que sobreviveu à geração que ele soube brilhantemente entreter; velho poeta sem amigos, sem família, sem filhos, degradado pela miséria e a ingratidão do público, vivendo em uma barraca em que a sociedade sem memória não quer mais entrar.

XV

A torta

Eu viajava. A paisagem em meio à qual eu estava era de uma vastidão e nobreza irresistíveis. Alguma coisa, sem dúvida, se passou em minha alma naquele momento. Meus pensamentos rodopiavam esvoaçantes e leves como a própria atmosfera; paixões vulgares, como o ódio ou o amor profano, eram-me tão distantes quanto as nuvens desfilando no fundo do abismo a meus pés; minha alma parecia tão vasta e tão pura quanto a cúpula do céu que me abrigava; a lembrança das coisas terrenas não chegava ao meu coração senão fraca e diminuída, como o som da sineta desses quadrúpedes invisíveis que pastam longe, bem longe, na encosta de uma outra montanha. À superfície do pequeno lago imóvel, negro em sua imensa profundidade, passava de vez em quando a sombra de uma nuvem, como reflexo da capa de algum colosso aéreo que voasse pelo céu. E lembro-me dessa sensação solene e rara, causada por um grande deslocamento, perfeitamente silencioso, que me encheu de uma alegria misturada com medo. Em suma, sentia-me, graças à beleza espantosa que me cercava, em completa paz comigo mesmo e com o universo; e cheguei a ponto de acreditar que, nessa beatitude perfeita e esquecimento de todo o mal terreno, não mais acharia ridículos esses cadernos de viagem que pregam a bondade natural dos homens. Mas a matéria incurável renovava suas exigências, e eu já começava a sonhar em me recuperar do cansaço e satisfazer meu apetite despertado pela longa subida. Tirei do bolso um bom pedaço de pão, uma taça revestida de couro e a garrafinha de um certo elixir que na época as farmácias vendiam aos turistas para misturar, quando fosse o caso, com neve.

Eu partia tranquilamente o pão, quando um ruído quase imperceptível fez-me erguer a vista. À minha frente estava um serzinho maltrapilho, escabelado e preto, cujos olhos encovados, arredios ao mesmo tempo que suplicantes, devoravam meu pedaço de pão. E eu o ouvi suspirar, numa voz baixa e rouca, a palavra: *torta!* Não pude conter o riso diante do epíteto com que ele certamente queria honrar o meu pão insosso, e parti uma bela fatia que lhe ofereci. Ele se aproximou devagar, sem nunca tirar os olhos do objeto da sua cobiça; depois, arrebatando o pedaço com a mão, recuou rapidamente, como se temesse alguma retaliação ou como se eu fosse me arrepender da oferta.

Mas no mesmo instante ele foi atropelado por outro pequeno selvagem, saído não sei de onde, e tão parecido com o primeiro que poderiam ser tomados por gêmeos. Agarrados, rolaram pelo chão, disputando a preciosa presa, cuja metade nenhum deles queria de forma alguma sacrificar ao irmão. O primeiro, exasperado, segurou o outro pelos cabelos; esse deu-lhe uma dentada na orelha, da qual cuspiu um pedaço sangrento, praguejando no seu formidável dialeto. O proprietário legítimo da torta tentava enfiar suas pequenas garras nos olhos do assaltante; esse, por sua vez, reunia todas as forças para estrangular o adversário com uma única mão, enquanto dava um jeito de enfiar no bolso, com a outra, a recompensa do combate. Mas, reanimado pelo desespero, o perdedor se aprumou e fez rolar por terra o que vencia, dando-lhe uma cabeçada no estômago. De que vale descrever uma luta vergonhosa que em verdade durou mais tempo do que à primeira vista prometia a sua energia infantil? A torta pulava de mão em mão e mudava de bolso a cada instante, mais eis que ela mudava também de tamanho! E no momento em que, exaustos, esbaforidos, sangrando, eles pararam, sem condições de prosseguir, já não havia, para falar a verdade, nenhum motivo de briga; o pedaço de pão desaparecera, multiplicado em pedacinhos parecidos com os grãos de saibro a que se misturavam.

O espetáculo me ofuscara a paisagem, e a alegria calma com que minha alma se deliciava, antes de ver esses homenzinhos, havia totalmente desaparecido; permaneci triste por um longo período, repetindo sem cessar:

– Eis que existe um país formidável em que o pão se chama *torta*, guloseima tão rara que basta para engendrar uma guerra verdadeiramente fratricida!

XVI

O relógio

Os chineses veem as horas no olho dos gatos.

Um dia, um missionário, passeando pelos subúrbios de Nanquim, deu-se conta de que tinha esquecido o relógio, e perguntou as horas a um menino.

O traquinas do Império Celeste primeiro hesitou; depois, mudando de ideia, respondeu:

– Já lhe digo.

Minutos depois ele retornou, carregando nos braços um gato enorme e gordo, e mirando-o, como se diz, no branco dos olhos, afirmou sem hesitar:

– Ainda não é bem meio-dia.

O que era verdade.

Quanto a mim, se me debruço sobre a bela Felina, realmente digna desse nome, ao mesmo tempo orgulho do seu sexo, satisfação da minha alma e perfume do meu espírito, seja de noite, seja de dia, em plena luz ou na mais sombria opacidade, no fundo dos seus olhos adoráveis vejo, distintamente, a hora, sempre a mesma, uma hora vasta, solene, imensa como o espaço, sem divisão de minutos ou segundos: uma hora imóvel, que os relógios não marcam, e entretanto é leve como um suspiro, rápida como um piscar de olhos.

E se algum chato vem me atrapalhar no momento em que meu olhar repousa sobre esse delicioso mostrador, se algum gênio maldoso e intolerante, algum demônio do contratempo vem me dizer:

– Que é que você observa com tanto esmero? Que é que você procura nos olhos desse ser? Por acaso vê aí as horas, mortal prodigioso e mandrião?

Respondo sem hesitar:

– Sim, vejo as horas. É eternidade!

Não é esse, minha cara, um madrigal realmente louvável, digno da sua pompa? Em verdade, tive tanto prazer em bordar esse galanteio pretensioso que nada lhe pedirei em troca.

XVII

Um hemisfério numa cabeleira

Deixe-me respirar por um bom tempo, por um bom tempo, o odor dos seus cabelos, neles mergulhar meu rosto, como um homem sedento mergulha o seu numa fonte. Deixe-me agitá-los com a mão como lenço perfumado, a fim de evocar lembranças na atmosfera.

Se você soubesse quantas coisas eu vejo, quantas coisas eu sinto, quantas coisas seus cabelos me dão a entender! Minha alma viaja levada por esse perfume como a de outros homens viaja levada pela música.

Em sua cabeleira cabe todo um sonho, em que abundam velas e mastros, imensos oceanos cujas correntes me levam a regiões de um clima deleitante, onde o espaço é mais azul e profundo, e a atmosfera é perfumada de frutos, folhas e pele humana.

No oceano da sua cabeleira, entrevejo um porto que fervilha de canções melancólicas, de homens vigorosos de todas as nacionalidades, de embarcações de todas as formas, cuja arquitetura sutil e complicada se recorta sob um céu imenso em que se instala o calor eterno.

Acariciando sua cabeleira, recupero os langores de longas horas passadas sobre um divã, na cabine de um belo navio, embalado pelo balanço imperceptível do mar no porto, entre vasos de flores e botijas refrescantes.

Na fogueira de sua cabeleira, respiro o cheiro do tabaco, misturado a ópio e açúcar; na noite de sua cabeleira, vejo resplandecer o infinito azul tropical; nas praias aveludadas de sua cabeleira, me inebrio de odores mesclados de alcatrão, almíscar e óleo de coco.

Deixe-me morder por um bom tempo essas tranças morenas e pesadas. Ao mordiscar esses cabelos elásticos e rebeldes, sinto como se experimentasse lembranças.

XVIII

Um convite de viagem

Um país soberbo, um país de Cocanha, diz-se, é aquele que sonho em visitar com uma velha amiga. País singular, envolto nas brumas do nosso norte, e que poderíamos chamar o Oriente do Ocidente, a China da Europa. Nele, tem livre curso a fantasia mais cálida e caprichosa, que nunca desiste de ilustrá-lo com suas vegetações eruditas e delicadas.

Um verdadeiro país de Cocanha, em que tudo é belo, rico, tranquilo, honesto; onde de bom grado o luxo se reflete na organização; onde se respira uma vida doce e untuosa; de onde se excluíram a desordem, a turbulência e o imprevisto; onde a felicidade faz companhia ao silêncio; onde a culinária é poética, substancial e estimulante, tudo ao mesmo tempo; exatamente como você, minha cara.

Você conhece esse mal-estar febril que se apodera de nós em períodos de tristeza glacial, essa nostalgia por regiões desconhecidas, essa curiosidade angustiante? Há um país que a você se assemelha, em que tudo é belo, rico, tranquilo e honesto, onde a fantasia construiu e decorou uma China ocidental, onde a vida tem um cheiro adocicado, onde a felicidade é companheira do silêncio. É lá que se deve viver! É lá que se deve morrer!

Sim, é lá que se deve ir para respirar, sonhar e espichar as horas em um infinito de sensações. Um músico compôs *Um convite à valsa*; mas agora quem vai compor *Um convite de viagem*, para oferecer à mulher amada, à irmã eletiva?

Sim, é nessa atmosfera que a vida se faria bela: lá, onde as horas mais lentas contêm mais pensamentos, onde os relógios badalam com uma pompa mais solene, mais significativa.

Sobre painéis cintilantes, ou sobre couros dourados, de uma beleza sóbria, convivem discretamente pinturas beatíficas, de uma placidez profunda, como as almas dos artistas que as criaram. Os sóis poentes, que colorem tão ricamente a sala de jantar ou o salão, são filtrados por belos tecidos ou por essas janelas altas, trabalhadas, que o chumbo divide em numerosos compartimentos. Os móveis são grandes, curiosos, bizarros, munidos, como almas refinadas, de fechaduras e compartimentos secretos. Os espelhos, os metais, os panos, a ourivesaria e a faiança executam, para os olhos, uma sinfonia muda e misteriosa; e de todas as coisas, de todos os cantos, das fissuras das gavetas e das dobras dos tecidos, escapa um perfume singular, *inesquecível*, de Sumatra, que é como a alma da habitação.

Um verdadeiro país de Cocanha, repito, onde tudo é valioso, bem-arrumado e luzente, como uma bela consciência, como uma magnífica bateria de cozinha, como um objeto esplêndido de ourivesaria, uma vitrine de joalheria em que brilham múltiplas cores! Para aí afluem os tesouros do mundo, como para a casa de um homem laborioso, merecedor de tudo no mundo. País singular, superior aos outros, como a Arte o é à Natureza, e onde essa é reformada pelo sonho, onde ela é corrigida, embelezada, refeita.

Que eles procurem, que eles sigam procurando, que eles adiem infinitamente os limites da sua felicidade, esses alquimistas da horticultura! Que eles ofereçam o prêmio de sessenta, de cem mil florins a quem resolver seus ambiciosos problemas! Quanto a mim, eu já encontrei minha tulipa negra, minha dália azul!

Flor incomparável, tulipa redescoberta, dália alegórica, é lá, não é verdade? É nesse belo país, calmo e sonhador, que se deve viver e florir. Por acaso não viria você emoldurada na sua própria analogia, e não seria você capaz de se mirar, como dizem os místicos, na sua correspondência?

Sonhos! Sempre sonhos! Quanto mais a alma é ambiciosa e sofisticada, mais os sonhos a afastam do possível. Cada homem traz consigo sua dose de ópio natural, incessantemente secretada e renovada. E do nascimento à morte, quantas horas podemos contar de alegria positiva, de ação bem-sucedida e resoluta? Viveremos alguma vez, pisaremos alguma vez nesse quadro pintado por meu espírito, esse quadro que a você se assemelha?

Esses tesouros, esses móveis, esse luxo, essa organização, esses perfumes, essas flores miraculosas são você! São também você esses grandes rios e esses canais tranquilos. Já as enormes embarcações carregadas de riqueza que eles levam, e de onde se ergue o canto monótono das manobras, essas são os meus pensamentos, que adormecem e rolam em seus seios. Você as conduz gentilmente na direção do mar, que é Infinito, ao refletir as profundezas do céu na limpidez da sua bela alma. E quando, fatigadas do marulho e empanturradas dos produtos do oriente, elas retornam ao porto natal, são ainda os meus pensamentos que, enriquecidos, voltam do Infinito até você.

XIX

O brinquedo do pobre

Quero dar-lhes a ideia de um divertimento inocente. São tão poucos os jogos livres de culpa! Uma manhã em que você levante disposto a um passeio descompromissado pelas grandes vias, encha os bolsos dessas invenções baratas (tais como o simples polichinelo de madeira, animado por um único fio, os ferreiros que batem bigorna, o cavaleiro e seu cavalo, cuja cauda é um apito) e, em frente aos cafés, ao pé das árvores, doe-os às crianças desconhecidas e pobres que vier a encontrar. Você verá os olhos delas crescerem desmesuradamente. De início, elas não ousam aceitar; duvidam da própria felicidade. Depois suas mãos agarram decididamente o presente, e elas desaparecem de vista, como gatos que, tendo aprendido a desconfiar dos homens, levam para longe o bocado de comida que lhes é dado.

Em uma estrada, atrás da grade de um amplo jardim, ao final do qual o sol fazia brilhar imponente a brancura de um charmoso castelo, estava um menino belo e viçoso, vestido em um desses trajes campestres, que são tão garridos.

O luxo, a despreocupação e os sinais habituais de riqueza conferem tanto charme a essas crianças que se poderia imaginar que elas provêm de uma mistura diversa daquela de que são feitos os filhos das classes medíocres e pobres.

Ao lado dele, jazia sobre o gramado um brinquedo formidável, tão viçoso quando o dono, envernizado, dourado, vestido de púrpura, coberto de plumas e de lantejoulas. Mas o menino não se importava com seu brinquedo favorito, e eis ao que ele dava atenção:

Do outro lado da grade, na estrada, entre cardos e urtigas, estava um outro menino, malvestido, magro, sujo de fuligem: um desses pequenos párias cuja beleza poderia ser descoberta por um expectador imparcial, que lhe limpasse da pátina repugnante da miséria, como um olho experimentado adivinha a pintura ideal sob o verniz de um fabricante de carroças.

Através dessas barras simbólicas separando dois mundos, a estrada e o castelo, o menino pobre mostrava ao menino rico seu próprio brinquedo, que esse examinava avidamente, como se se tratasse de um objeto raro e desconhecido. Ora, esse brinquedo, que o pequeno maltrapilho irritava, agitava e sacudia dentro de uma gaiola, era um rato vivo! Os pais, sem dúvida por uma questão de economia, haviam obtido da própria vida o brinquedo.

E as duas crianças riam, regozijando-se fraternalmente, com dentes de *igual* brancura.

XX

Os dons das fadas

Era uma grande assembleia de fadas, em que se decidiria a distribuição de dons entre todos os recém-nascidos, chegados à vida nas últimas 24 horas.

Todas essas antigas e opiniáticas Irmãs do Destino, Mães bizarras da alegria e da dor, diferiam muito em aparência: umas tinham o ar sombrio e carregado, outras o ar zombeteiro e malicioso; umas eram jovens de tanto serem jovens, outras, velhas de tanto serem velhas.

Todos os pais que têm fé nas fadas se encontravam ali, cada qual trazendo seu recém-nascido nos braços.

Os Talentos, as Habilidades, os Golpes de Sorte, as Circunstâncias invencíveis se acumulavam do lado do tribunal, como prêmios no palco de uma cerimônia de premiação. O que havia aqui de particular é que os dons não eram a recompensa de um esforço, mas, ao contrário, uma graça concedida àquele que ainda não vivera, uma graça capaz de determinar seu destino e se tornar a fonte tanto da sua desgraça quanto da sua felicidade.

As pobres fadas estavam atarefadas, pois a turba de solicitantes era grande, e o mundo intermediário, localizado entre o homem e Deus, está submetido como nós à lei terrível do Tempo e sua posteridade infinita de Dias, Horas, Minutos, Segundos.

Na verdade, estavam tão aturdidas quanto ministros em dia de audiência, ou os funcionários da Casa de Penhores por ocasião dessas comemorações nacionais que autorizam o resgate gratuito de bens. Creio até que elas acompanhassem de tempo em tempo os ponteiros do relógio com a impaciência dos juízes humanos que, em audiência desde cedo, não podem se impedir de sonhar com a janta, a família e suas caras pantufas. Se a justiça sobrenatural não está livre de apertos e eventualidades, não nos espantemos que o mesmo ocorra às vezes com a justiça humana. Não sejamos nós mesmos, nesse caso, juízes injustos.

Também naquele dia foram cometidos alguns disparates que poderíamos considerar bizarros, se a prudência, mais que o capricho, fosse a característica distintiva e eterna das fadas.

E o poder de atrair magneticamente a fortuna foi adjudicado ao herdeiro único de uma família muito rica, que, não sendo dotado de nenhum senso de caridade e tampouco de cobiça pelas boas coisas dessa vida, se encontraria mais tarde constrangido diante dos seus milhões.

E foram conferidos o amor pelo Belo e a Força poética ao filho de um miserável indigente, carregador de pedra, que não podia, de forma alguma, beneficiar as habilidades, nem atender às necessidades de sua lamentável progenitura.

Esqueci-me de dizer que a distribuição, nesses casos solenes, é sem apelação, e que nenhum dom pode ser recusado.

Dando a faina por terminada, as fadas todas se alçavam; nenhum presente havia sobrado, nenhuma generosidade a prodigalizar a todo esse cardume de gente; mas um homem corajoso, nada mais que um pequeno comerciante, creio eu, levantou-se e, segurando pelo seu vestido de vapores multicoloridos a fada que lhe estava mais próxima, gritou:

– Madame! A senhora se esqueceu de nós! Falta ainda o meu pequeno! Não acredito que perdi a viagem.

A fada podia ter se atrapalhado, pois não restara mais *nada*. Entretanto, ela se lembrou a tempo de uma lei bem conhecida, apesar de raramente aplicada, no mundo sobrenatural, habitado por essas deidades impalpáveis, amigas do homem, e frequentemente obrigadas a se adaptar às paixões dele, tais como as fadas, os gnomos, as salamandras, as sílfides, os silfos, as níxes, os ondinos e as ondinas. Estou falando da lei que concede às fadas, em casos como esse, em que os quinhões foram exauridos, a possibilidade de oferecer ainda um dom, suplementar e excepcional, desde que ela tenha imaginação suficiente para inventá-lo no mesmo instante.

E assim a boa fada respondeu, com uma segurança à altura da sua classe:

– Darei ao seu filho... Darei ao seu filho... o *Dom de agradar*!

– Mas agradar em que sentido...? Agradar? Agradar por quê? – perguntou obstinado o pequeno comerciante, que era sem dúvida um desses tantos polemistas incapazes de se elevar até a lógica do absurdo.

– Porque sim! Porque sim! – replicou a fada furibunda, dando-lhe as costas.

Reunindo-se ao cortejo das amigas, ela lhes disse:

– O que foi que acharam desse francesinho vaidoso, metido a saber de tudo e que, tendo obtido para o filho o melhor dos quinhões, ousa ainda fazer perguntas e discutir o indiscutível?

XXI

As tentações: ou Eros, Plutão e a Glória

Dois soberbos Satãs e uma Diaba, não menos extraordinária, subiram, na noite de ontem, a misteriosa escadaria pela qual o Inferno toma de assalto, em sua fraqueza, o homem que dorme, e se comunica com ele em segredo. E os três vieram se apresentar gloriosamente diante de mim, como se estivessem de pé sobre uma plataforma. Um esplendor sulfuroso emanava desses três personagens, que assim se destacavam do fundo opaco da noite. Tinham o ar tão altivo e imponente que inicialmente tomei-os por verdadeiros deuses.

O rosto do primeiro Satã era de um sexo ambíguo, e as linhas do seu corpo traziam também a moleza dos Bacos dos antigos. Seus belos olhos lânguidos, de uma cor obscura e oscilante, lembravam violetas ainda carregadas de lágrimas pesadas da tempestade, e seus lábios entreabertos, caçoilas quentes das quais exalasse um cheiro bom de perfumaria. A cada vez que ele suspirava, insetos almiscarados se iluminavam, esvoaçando no ardor do seu sopro.

Ao redor de sua túnica púrpura, estava enrolada, como cinta, uma serpente furta-cor que, de cabeça erguida, voltava para ele, langorosamente, os olhos em brasa. Nessa cinta viva, vinham dependuradas facas brilhantes e instrumentos cirúrgicos, que se alternavam entre frascos de licores sinistros. Na mão direita, ele trazia outro frasco, de um conteúdo vermelho luminoso, e em cuja etiqueta se liam estas palavras estranhas: "Beba, este é o meu sangue, um tônico excelente"; na mão esquerda, trazia um violino, que usava sem dúvida para cantar suas alegrias e sofrimentos, e para disseminar sua contagiante loucura nas noites de sabá.

De seus tornozelos delicados pendiam alguns elos de uma corrente de ouro rompida, e quando o desconforto que disso resultava forçava-o a baixar os olhos na direção da terra, ele contemplava vaidosamente as unhas dos seus pés, brilhantes e polidas como pedras bem trabalhadas.

Com olhos inconsolavelmente aflitos, de onde escorria uma insidiosa embriaguez, ele me olhou e disse numa voz melodiosa:

– Se você quiser, se você quiser, farei de você o senhor das almas, e você será o mestre da matéria viva, dominando-a melhor que o escultor a argila; e você conhecerá o prazer, inesgotável, de se esquecer de si para se perder no outro, e de atrair as outras almas até que elas se confundam com a sua.

E eu respondi:

– Muito obrigado! Mas não saberia o que fazer com essas quinquilharias de seres que, sem dúvida, valem até menos que meu pobre eu. Apesar de certas lembranças me envergonharem, não quero me esquecer de nada; e mesmo se não o reconheço, velho monstro, sua coleção misteriosa de facas, seus frascos enganadores, as correntes em que seus pés estão enredados são símbolos que explicam com toda clareza os inconvenientes da sua amizade. Pode ficar com seus presentes.

Não tinha o segundo Satã esse ar tanto trágico quanto sorridente, nem tinha ele essas belas maneiras insinuantes, ou essa beleza delicada e perfumosa. Era um homem imenso, de rosto largo e sem olhos, cuja barriga pesada se sobrepunha às coxas. Uma chusma de pequenas figuras em movimento, representando as numerosas formas da miséria universal, ilustravam e douravam, como tatuagem, toda a sua pele. Havia homenzinhos esfalfados que se dependuravam voluntariamente em um prego; havia pequenos gnomos disformes, magros, cujos olhos suplicantes superavam as mãos trêmulas no pedir esmola; e ainda velhas mães carregando, aferrados a seus mamilos exauridos, raquíticos bebês. E assim por diante.

O grande Satã batia com o punho em seu imenso ventre, de onde agora saía um longo e ressonante tinido de metal, que terminava em um vago gemido, feito de numerosas vozes humanas. E mostrando sem pudor seus dentes estragados, ele ria com exagero, feito um imbecil, como acontece com certos homens de todas as nacionalidades, depois de terem jantado bem.

E esse me disse:

– Posso lhe dar aquilo que tudo obtém, aquilo que vale por tudo, que tudo substitui! – e bateu sobre o ventre monstruoso, cujo eco sonoro fez o comentário da sua fala grosseira.

Virei com desgosto para o outro lado e respondi:

– Não preciso, para minha alegria, da miséria de ninguém; e não desejo essa riqueza entristecida, como um papel de parede, por todas essas infelicidades representadas na tua pele.

Quanto à Diaba, eu mentiria se não admitisse que à primeira vista ela me despertou um estranho fascínio. Para definir esse fascínio, eu o compararia essencialmente àquele de mulheres belíssimas que, mesmo na menopausa, não envelhecem, e cuja beleza traz consigo a magia intensa das ruínas. Ela tinha o ar ao mesmo tempo imperioso e desengonçado, e seus olhos, apesar de vencidos, continham uma força de grande atração. O que mais me impressionou foi o mistério da sua voz, na qual descobri traços dos mais deliciosos *contralti*, e também um pouco da rouquidão das gargantas incessantemente lavadas pelo álcool.

– Quer conhecer a minha potência? – disse a falsa deusa, com sua voz sedutora e paradoxal. – Escute...

E ela então embocou uma trombeta gigantesca, enfeitada, como uma flauta rústica, de tiras das manchetes de todos os jornais do universo, e através dessa trombeta ela gritou meu nome, que rolou assim através do espaço com o estrondo de cem mil trovões, e voltou a mim repercutido pelo eco do planeta mais longínquo.

– Diabos! – disse eu, em parte subjugado. – Eis algo de precioso!

Mas ao examinar mais detidamente aquela sedutora virago, tive a impressão vaga de reconhecê-la, por já tê-la visto brindar com alguns parvos meus conhecidos; e o som roufenho do cobre trouxe às minhas orelhas a lembrança de não sei que outra gralha prostituída.

E assim respondi, com todo o meu desprezo:

– Some daqui! Não fui feito para esposar a amante daqueles que não quero sequer dar o nome.

Tinha, por certo, direito de me orgulhar de um ato tão corajoso de abnegação. Mas infelizmente acordei, e toda a minha força me abandonou.

– A verdade – disse comigo mesmo – é que só em sono profundo eu devia dar mostras de tais escrúpulos. Ah! Se pudessem voltar enquanto estou acordado, não me mostraria tão delicado assim!

E eu os invoquei em voz alta; supliquei que me perdoassem, prometendo me humilhar o tanto quanto necessário para merecer seus favores; mas devo tê-los ofendido profundamente, sem dúvida, porque nunca retornaram.

XXII

O crepúsculo da noite

O dia termina. Um grande apaziguamento se faz sentir nos pobres espíritos fatigados pela labuta diária; e seus pensamentos assumem agora as cores suaves e indecisas do crepúsculo.

Entretanto, do alto da montanha, chega à minha sacada, através das nuvens transparentes da noite, um grande alarido, composto de uma massa de gritos discordantes que o espaço transforma em uma lúgubre harmonia, como aquela da maré que sobe ou de uma tempestade que se arma.

Quem são os desafortunados que o escurecer não acalma, e que tomam, como as corujas, a vinda da noite como sinal de um sabá? Essa sinistra ululação vem do hospício cinzento, pousado sobre a montanha.

À noite, fumo e contemplo o repouso do imenso vale, eriçado de casas cujas janelas dizem:

– Estamos em paz! Momento de alegria familiar!

E posso, cada vez que o vento sopra lá de cima, embalar meus pensamentos espantados nessa imitação das harmonias do inferno.

O crepúsculo excita os loucos.

Recordo de dois amigos que o crepúsculo fazia adoecer por completo. Um passava a desconhecer todos os princípios de polidez e camaradagem, e maltratava, ferozmente, o primeiro que aparecia. Eu o vi arremessar na cabeça de um maître um frango excelente, no qual ele acreditava ter visto não sei que hieróglifo ofensivo. A noite, precursora das voluptuosidades profundas, lhe estragava as coisas mais suculentas.

O outro, um ambicioso frustrado, tornava-se, à medida que o sol se punha, mais amargo, mais sombrio, mais chato. Indulgente e sociável ainda durante o dia, à noite se mostrava implacável; e não era somente sobre os outros, mas também sobre si mesmo que, enfurecida, a sua loucura crepuscular se exercia.

O primeiro morreu louco, incapaz de reconhecer esposa e filho; o segundo carrega em si a inquietação de um eterno mal-estar, e mesmo que fosse agraciado com todas as honras que podem oferecer as repúblicas e os príncipes, penso que o crepúsculo ainda acenderia nele uma ardente inveja por distinções imaginárias. A noite, que no espírito dos dois impelia trevas, cria a luz no meu; e por mais que não seja raro ver a mesma causa engendrar efeitos contrários, isso sempre me intrigou e deixou alarmado.

Oh, noite! Oh, trevas revigorantes! Vocês são para mim o sinal de uma festa interior, vocês me libertam da angústia! Na solidão das planícies, nos labirintos de pedra de uma capital, brilho de estrelas, explosão de luzes, vocês são o fogo de artifício da deusa Liberdade.

Crepúsculo, como você é doce e terno! Os clarões rosáceos que vagam ainda pelo horizonte como a agonia do dia sob a opressão vitoriosa da noite, os fogos das candeias que mancham de um vermelho opaco as últimas glórias do poente, as imensas tapeçarias que uma mão invisível suscita das profundezas do Oriente imitam toda a gama de sentimentos complicados que lutam no coração dos homens nos momentos solenes da vida.

Ou lembram ainda um desses vestidos curiosos, de dançarinas, em que um véu transparente e escuro deixa entrever o esplendor amortecido de uma saia radiante, assim como sob a obscuridade do presente transpassa o delicioso passado; e as estrelas fascinantes, de ouro e prata, por ela disseminadas, representam esses fantásticos fogos que só verdadeiramente se iluminam sob o luto profundo da Noite.

XXIII

A solidão

Um jornalista filantropo me disse que a solidão faz mal ao homem; e para apoiar sua tese ele cita, como todos os incrédulos, as palavras dos Padres da Igreja.

Eu sei que o Demônio frequenta de boa vontade os lugares áridos, e que o Espírito assassino e lascivo muito espontaneamente se acende nos momentos de solidão. Mas é possível que essa solidão não seja perigosa senão para a alma ociosa e divagante que a povoa com suas paixões e quimeras.

Ninguém duvida que um tagarela, cujo prazer supremo consiste em falar do alto de uma cátedra ou tribuna, corre um grande risco de se tornar um louco furioso na ilha de Robinson. Não exijo do meu jornalista as virtudes corajosas de Crusoé, mas peço que ele não impute, com suas acusações, os apaixonados pela solidão e o mistério.

Há, nas nossas raças tagarelas, indivíduos que aceitariam com menos repugnância o suplício supremo, se lhes fosse permitido proferir, do alto do cadafalso, uma copiosa arenga, sem medo de serem interrompidos intempestivamente pelos tambores de Santerre.

Eu não os lamento, porque suponho que suas efusões de eloquência lhes proporcionam volúpias iguais àquelas que outros obtêm do silêncio e do isolamento; mas eu os desprezo.

Desejo, sobretudo, que meu *tão estimado* jornalista deixe-me me divertir como me aprouver.

– Você não sente nunca – pergunta-me ele, tão fanho quanto apostólico – a necessidade de partilhar suas alegrias?

Observem a astúcia do invejoso! Ele sabe o quanto desdenho as suas, e quer se insinuar nas minhas, o miserável estraga-prazeres!

"O grande infortúnio de não se aguentar ficar só!...", escreve em alguma parte La Bruyère, como para envergonhar aqueles que correm à multidão em busca de esquecimento, porque temem sem dúvida não aguentar a si próprios.

"Quase todas as nossas aflições advêm de não termos sabido ficar em nosso quarto", afirma um outro sábio, creio que Pascal, dirigindo-se assim, na cela do recolhimento, a todos esses alterados que procuram a felicidade no movimento e em uma prostituição que eu poderia chamar de *fraternal*, se quisesse falar a bela língua do meu século.

XXIV

Os planos

Passeando por um parque grande e retirado, ele dizia a si mesmo:

– Como ela ficaria bela em um vestido de corte, elaborado e faustoso, descendo os degraus de mármore de um palácio, em meio à atmosfera misteriosa da noite, diante de chafarizes e uma vasta pradaria! Pois ela tem mesmo o ar de uma princesa.

E mais tarde, caminhando por uma rua, ele parou diante de uma loja de gravuras e, ao descobrir em um cartão uma estampa representando um país tropical, disse a si mesmo:

– Não! Não é dentro de um palácio que eu gostaria de guardar sua vida tão preciosa. Lá não nos sentiríamos *em casa.* Além do mais, as paredes forradas de ouro não deixariam espaço para dependurar sua imagem; naquelas galerias solenes não há um canto sequer para a intimidade. Decididamente, é *aí* que se deveria viver, para que meu sonho fosse cultivado.

E analisando com os olhos os detalhes da gravura, ele continuava mentalmente: "À beira da praia, uma bela cabana de madeira, cercada por todas essas árvores bizarras e lustrosas cujo nome esqueci... na atmosfera, uma fragrância inebriante, indefinível... na cabana, o perfume característico de rosa e de almíscar... mais adiante, atrás do nosso pequeno domínio, pontas de mastros que a maré balança... ao nosso redor, fora do quarto, banhado numa luz rosácea filtrada pelas persianas, decorado com esteiras arejadas, flores voluptuosas e raras cadeiras em estilo rococó português, de madeira escura e pesada (nas quais ela descansaria tranquila, refrescada, fumando um tabaco ligeiramente opiado), do outro lado da varanda, o tumulto dos pássaros embriagados de luz e a conversa fiada das negrinhas... e para servir de acompanhamento a meus sonhos, à noite, o canto melancólico dessas árvores musicais, os chorões! Sim, aí está o lugar que procuro. Para que palácio?"

E mais adiante, ao seguir por uma grande avenida, ele percebeu uma pensão, tão modesta quanto bem-cuidada, e nela uma janela, alegrada por cortinas indianas coloridas, da qual se projetavam duas cabeças sorridentes. E logo:

– Que pensamento vagabundo eu tenho, para ir buscar assim tão longe o que perto de mim se encontra. O prazer e a felicidade estão na primeira pensão que aparece, na pensão do acaso, fértil em delícias. Um bom fogo, uma faiança vistosa, um jantar decente, um vinho rústico e um leito espaçoso, com lençóis um pouco ásperos mas novos; que há de melhor?

E voltando sozinho para casa, nessa hora em que os conselhos da Sabedoria não são mais sufocados pelo burburinho da vida exterior, ele disse a si mesmo:

– Hoje possuí, em sonhos, três domicílios que me agradaram em igual medida. Por que obrigar meu corpo a mudar de lugar, quando minha alma viaja com tal agilidade? E para que pôr os planos em prática, quando o projeto em si mesmo proporciona alegria suficiente?

XXV

A bela Doroteia

O sol castiga a cidade com sua luz terrível a pino; a areia é ofuscante e o mar cintila. O mundo, aturdido, esmorece preguiçoso e faz a sesta, uma sesta que é uma espécie de morte saborosa em que aquele que dorme, meio acordado, saboreia as delícias do seu esvaziamento.

Entretanto Doroteia, forte e orgulhosa como o sol, a única a dar sinal de vida sob o imenso azul, avança pela rua deserta, destacando-se na luz como uma mancha negra.

Ela avança, gingando graciosamente o torso magro nos largos quadris. E seu vestido justo de seda, num tom claro e rosado, produz um vivo contraste com o negrume de sua pele, moldando à perfeição a sua estatura alta, o entalhe do dorso e o busto ereto.

A sombrinha vermelha, filtrando a luz, projeta sobre seu rosto escuro a maquiagem sanguínea dos seus reflexos.

O peso de sua enorme cabeleira quase azul faz pender para trás sua cabeça delicada, dando-lhe um ar triunfante e preguiçoso. Pingentes pesados gorgolejam secretamente às suas pequenas orelhas.

De tempos em tempos, a brisa do mar levanta a aba flutuante do vestido, descobrindo-lhe a perna luzidia e soberba; seus pés, como os dessas deusas de mármore que a Europa tem enfiadas em seus museus, imprime fielmente sua forma na areia fina. Pois sendo tão vaidosa, o prazer de ser admirada vale para Doroteia mais que o orgulho da alforria, e mesmo livre, ela anda descalça.

Ela avança assim, harmoniosamente, contente de viver e sorrindo um sorriso branco, como se percebesse ao longe no horizonte um espelho refletindo sua marcha e beleza.

Nessa hora em que até os cães gemem de dor sob o sol que os morde, que motivo imperioso faz partir assim a preguiçosa Doroteia, bela e fria como o bronze?

Por que é que ela deixou sua casinha tão bem-cuidada, cujas flores e esteiras criam, sem grandes despesas, um boudoir perfeito, onde ela adora se pentear, fumar, se abanar ou se observar no espelho dos seus enormes leques de plumas, enquanto o mar, que vem dar à praia a cem passos de distância, faz às suas divagações oscilantes um potente e monótono acompanhamento, e enquanto a panela de ferro, em que cozinha um ragu de caranguejo, arroz e açafrão, lhe envia, do fundo do corredor, seus excitantes perfumes?

Talvez ela tenha um encontro marcado com algum jovem oficial que, em praias longínquas, ouvisse seus camaradas falarem da célebre Doroteia. Em sua simplicidade, infalivelmente, ela vai pedir a ele que descreva o baile da Ópera, e vai lhe perguntar se é possível lá entrar de pés descalços, como nas danças de domingo, em que as velhas cafres se embriagam numa alegria furiosa; e vai lhe perguntar ainda se as belas damas de Paris são todas mais belas do que ela.

Doroteia é admirada e preferida por todos, e sua felicidade seria perfeita se ela não tivesse de economizar piastra por piastra a fim de resgatar sua irmãzinha que, aos onze anos, é já crescida e tão bela. Ela vai conseguir, sem dúvida, a boa Doroteia; o proprietário da menina é tão avarento, mas tão avarento que é incapaz de perceber outra beleza senão aquela dos níqueis.

XXVI

Os olhos dos pobres

Ah! Quer saber por que hoje eu a odeio? Pois será certamente mais difícil a você entender do que a mim explicar. Você é, creio eu, o melhor exemplo que se pode encontrar de impermeabilidade feminina.

Passamos juntos um dia inteiro, que me pareceu curto. Fizemos um ao outro a promessa de compartilhar todos os nossos pensamentos, a promessa de que nossas almas, a partir de então, formariam uma só: um sonho que, afinal, de original não tem nada, exceto que, sendo sonhado por todos os homens, não é realizado por nenhum.

À noite, um pouco cansada, na esquina de um novo boulevard, você quis se sentar em frente a um novo café, ainda cheio de entulho, mas já dando mostras de seus esplendores inacabados. O café luzia. O próprio gás exibia o entusiasmo de uma inauguração, e iluminava com todas as suas forças as paredes ofuscantes de tão brancas, a superfície deslumbrante dos espelhos, o dourado das molduras, das cornijas, os pajens bochechudos arrastados pelos cães que traziam à coleira, as damas sorridentes empunhando falcões, as ninfas e as deusas carregando frutas, empadas e animais de caça sobre a cabeça, as Hebes e os Ganimedes oferecendo, de braços estendidos, a pequena ânfora de creme bavaroise ou o obelisco bicolor de sorvetes misturados; a mitologia e a história a serviço da glutonaria.

Logo à nossa frente, na calçada, estava plantado um bravo homem, de cerca de quarenta anos, de rosto cansado, barba grisalha, trazendo por uma das mãos um menino pequeno, e carregando no outro braço um serzinho frágil demais para andar por si só. Ele cumpria a função de ama, levando os filhos para tomar um ar em plena noite. Todos maltrapilhos. Os três rostos eram extraordinariamente sérios, e os seis olhos contemplavam fixamente o café novo, com a mesma admiração, em nuances que divergiam apenas pela idade.

Os olhos do pai diziam:

– Como é belo! Como é belo! Parece que o ouro todo deste pobre mundo veio se depositar nessas paredes.

Os olhos do menino pequeno:

– Como é belo! Como é belo! Mas é um lugar onde só podem entrar pessoas que não são como nós.

Quanto aos olhos do menor, sua fascinação era tanta que não exprimiam senão uma alegria estúpida e profunda.

Os compositores de canções dizem que o prazer torna a alma boa e amolece o coração. A canção tinha razão naquela noite, no que diz respeito a mim. Aquela família de olhos me enternecia e, além disso, eu sentia um pouco de vergonha dos nossos copos e das nossas garrafas, maiores que nossa sede. Eu buscava, minha cara, com meu olhar também o seu, para aí ler o *meu* pensamento; eu mergulhava nos seus olhos tão belos e estranhamente doces, nos seus olhos verdes, habitados pelo Capricho e pela Lua, quando você me disse:

– Não suporto essa gente de olhos escancarados como porteiras! Será que você poderia pedir ao proprietário que os afastasse daqui?

Tal é a dificuldade de entendimento, meu caro anjo, tal é a incomunicabilidade do pensamento, mesmo entre os que se amam!

XXVII

Uma morte heroica

Fancioulle era um bufão admirável, e bem dizer um amigo do príncipe. Mas as pessoas que nascem destinadas ao cômico são fatalmente atraídas pelas coisas sérias. E embora possa parecer bizarro que as ideias de pátria e liberdade se assenhoreassem despoticamente do cérebro de um histrião, um dia Fancioulle resolveu tomar parte em um complô arquitetado por fidalgos descontentes.

Por toda parte, encontram-se homens de bem prontos a denunciar ao poder esses indivíduos irascíveis que querem depor os príncipes e, à revelia da sociedade, instaurar nela a desordem. Os fidalgos em questão foram presos, assim como Fancioulle, e a eles se prometia a morte certa.

Não duvido que o príncipe tenha chegado quase a zangar-se, ao ver seu comediante preferido entre os rebeldes. O príncipe não era nem melhor nem pior que outros; mas padecia de uma sensibilidade excessiva que o tornava, em certos casos, mais cruel e mais despótico que todos os seus iguais. Admirador apaixonado das belas-artes, de que era excelente conhecedor, estava sempre em busca de novas volúpias. Totalmente indiferente aos homens e à moral, ele mesmo um artista, não conhecia nenhum inimigo perigoso senão o tédio. Os esforços absurdos que fazia para derrotar ou para expulsar esse tirano do mundo teriam certamente lhe valido o epíteto de "monstro", conferido por algum historiador severo, se fosse permitido, nos seus domínios, escrever alguma coisa que não visasse unicamente o prazer ou o espanto, que é uma das formas mais sofisticadas de prazer. O maior infortúnio desse príncipe foi a ausência de um teatro tão vasto quanto o seu gênio. Há jovens Neros que sufocam em limites estreitos, e cujos séculos vindouros ignoram para sempre o nome e a boa vontade. A imprevidente Providência concedeu a eles faculdades mais amplas que seus Estados.

Imediatamente, espalhou-se o rumor de que o soberano iria conceder o perdão a todos os conjurados; e a origem desse boato foi o anúncio de um grande espetáculo em que Fancioulle devia representar um de seus mais importantes e exitosos papéis, contando inclusive com a ajuda, era o que diziam, dos fidalgos condenados; sinal evidente, acrescentavam os espíritos superficiais, das inclinações generosas do príncipe ofendido.

Da parte de um homem que a natureza e a vontade haviam tornado tão excêntrico, tudo era possível, mesmo a virtude, mesmo a clemência, sobretudo quando delas fosse possível extrair prazeres inesperados. Mas para aqueles que, como eu, tinham podido ir mais longe nas profundezas dessa alma intrigante e doentia, era infinitamente mais provável que o príncipe quisesse apreciar o valor dos talentos cênicos de um homem condenado à morte. Ele queria aproveitar a ocasião para fazer uma experiência psicológica de interesse *capital*, e verificar até que ponto as habilidades adquiridas por um artista podiam ser alteradas ou modificadas pela situação extraordinária em que ele se encontrasse; para além disso, existiria em sua alma uma intenção mais ou menos contida de clemência? Esse é um ponto que jamais se esclareceu.

Enfim, chegando o grande dia, a pequena corte fez uso de todas as suas pompas, e seria difícil conceber, sem ter visto, tudo o que a classe privilegiada de um pequeno Estado, de recursos limitados, é capaz de exibir de esplendoroso para uma verdadeira solenidade. A cerimônia em questão era duplamente solene, em primeiro lugar pela magia do luxo ostentado, e em seguida pelo interesse moral e misterioso que a ela se ligava.

A excelência do senhor Fancioulle manifestava-se, sobretudo, nos papéis mudos ou de poucas palavras, que são muitas vezes os principais nesses dramas feéricos, cujo objetivo é representar simbolicamente os mistérios da vida. Ele entrou em cena com graça e um perfeito autodomínio, o que contribuiu para fortificar, no distinto público que ali comparecia, a ideia de doçura e de perdão.

Quando se diz de um comediante "esse comediante é bom!", a expressão de que nos valemos implica ser ainda possível adivinhar, por debaixo do personagem, o comediante, quer dizer, a arte, o esforço. Ora, seria sem dúvida um caso singular e imprevisto algum comediante chegar algum dia a ser, relativamente ao personagem que ele está encarregado de representar, aquilo que, relativamente à ideia geral e confusa de beleza, foram as melhores estátuas da antiguidade, miraculosamente animadas, vivas, em movimento, capazes de enxergar. Fancioulle atingiu, naquela noite, uma idealização perfeita, necessariamente viva, possível, real. O bufão ia e vinha, ria, chorava, se convulsionava, com uma indescritível auréola envolta na cabeça: auréola invisível para todos, mas visível para mim, e na qual se misturavam, num estranho amálgama, as irradiações da Arte e a glória do Martírio. Fancioulle introduzia, por uma graça impossível de explicar, o divino e o sobrenatural até nas bufonarias mais extravagantes. Minha pena treme e lágrimas de uma emoção sempre presente me correm aos olhos enquanto tento descrever a vocês essa noite inesquecível. Fancioulle me provava, de uma maneira peremptória, irrefutável, que a embriaguez provocada pela Arte é a mais apta a velar os terrores do abismo; que o gênio é capaz de representar uma comédia à beira da tumba com uma alegria que lhe impede de ver a tumba, perdido, como ele está, num paraíso que exclui qualquer ideia de tumba e de destruição.

O público todo, por mais indiferente e frívolo que pudesse ser, sofreu imediatamente a influência todo-poderosa do artista. A morte, o luto, suplícios, eram ideias com as quais ninguém mais sonhava. Cada qual se via abandonado, sem inquietude, às infinitas delícias proporcionadas pela visão do vivo desenrolar de uma obra-prima. As explosões de alegria e de admiração sacudiam repetidamente as colunas do edifício com a energia de um trovão ininterrupto. O próprio príncipe, inebriado, misturava seus aplausos àqueles da corte.

E entretanto, para um olhar clarividente, a embriaguez do príncipe não estava mesmo livre de mistura. Sentia-se ele vencido em seu próprio poder de déspota? Humilhado em sua arte de aterrorizar os corações e entorpecer os espíritos? Frustrado em suas esperanças e escarnecido em suas previsões? Suposições como essas, não exatamente justificadas, mas nem de todo absurdas, assomavam à minha alma enquanto eu contemplava o semblante do príncipe, cuja palidez habitual era recoberta, a cada momento, por uma palidez nova, como a neve se acumula sobre a neve. Seus lábios se cerravam com uma força cada vez maior, e seus olhos luziam de um fogo interior semelhante àquele provocado pelo ciúme e o rancor, mesmo quando ele aplaudia de uma forma ostensiva os talentos do seu velho amigo, o estranho bufão, que bufoneava tão bem da morte. Num certo momento, vi Sua Alteza se inclinar na direção de um pequeno pajem, que estava sentado atrás dela, e cochichar à orelha dele. Um sorriso iluminou o rosto maroto do belo menino, que em seguida deixou o camarote do príncipe, como que para cumprir uma missão urgente.

Alguns minutos depois, o silvo agudo, prolongado, de um apito interrompeu Fancioulle em um de seus melhores momentos, dilacerando ao mesmo tempo orelhas e corações. E no lugar na sala de onde havia jorrado essa censura inesperada, uma criança corria por um corredor, abafando o riso.

Fancioulle, abalado, saindo do seu estado de sonho, fechou primeiro os olhos, depois os reabriu quase imediatamente, muito arregalados. Ele abriu em seguida a boca, como que para respirar convulsivamente, vacilou um pouco para diante, um pouco para trás, e depois caiu duro sobre o tablado.

O apito, rápido como um golpe de espada, frustrara realmente o verdugo? Teria o príncipe adivinhado a eficácia homicida da sua artimanha? É possível duvidar. Arrependia-se ele da perda de seu caro e inimitável Fancioulle? Uma tal suposição é tão óbvia quanto legítima.

Os fidalgos conspiradores haviam gozado pela última vez do espetáculo de uma comédia. Naquela mesma noite, a chama da vida lhes foi extinta.

Desde então, inúmeros momos, conhecidos em diversos países, têm comparecido diante da corte de***; mas nenhum deles pôde fazer recordar o talento extraordinário de Fancioulle, nem obter do príncipe o mesmo *favor*.

XXVIII

A falsa moeda

Afastávamo-nos da tabacaria, e meu amigo fez uma seleção cuidadosa do seu dinheiro; para dentro do bolso esquerdo do colete, ele fez deslizarem algumas moedinhas de ouro; do direito, algumas moedinhas de prata; no bolso esquerdo da calça, colocou um punhado de tostões e, por fim, no direito, uma moeda de prata de dois francos, que ele examinara com especial atenção.

"Minucioso e estranho cálculo!", pensei comigo mesmo.

Encontramos um pobre que nos estendeu, trêmulo, o chapéu. Não conheço nada mais inquietante que a eloquência muda desses olhos suplicantes, que contêm ao mesmo tempo, para o homem sensível que neles sabe ler, tanto de humildade e tanto de censura. É possível encontrar algo que se aproxima dessa profundidade complicada de sentimentos nos olhos lacrimosos de cães açoitados.

A oferta feita pelo meu amigo foi bem mais impressionante que a minha, e eu lhe disse:

– Você tem razão. Só o prazer de surpreender é capaz de ultrapassar aquele de ser surpreendido.

– A moeda era falsa – contrapôs ele, num tom de voz tranquilo, como que para justificar a sua prodigalidade.

Mas meu cérebro miserável, sempre obcecado em calcular a quadratura do círculo (de que talento fatigante a natureza me dotou!), foi assomado pela ideia de que um tal comportamento, exibido pelo meu amigo, só se justificava pelo desejo de desencadear algum acontecimento inusitado na vida do pobre-diabo que nos pedia esmola. Meu amigo possivelmente se divertia imaginando as consequências diversas, funestas ou de outro tipo, que uma moeda falsa na mão de um mendigo poderia ocasionar. Não podia ela se multiplicar em moedas verdadeiras? Não podia ela igualmente conduzi-lo à prisão? Um taberneiro, um padeiro, por exemplo, podia fazer com que o prendessem por falsificar ou disseminar moeda falsa. Nem por isso a moeda deixaria de ser talvez, nas mãos de um pequeno especulador, mesmo que miserável, o germe de uma riqueza de poucos dias. E assim ia, aos trancos e barrancos, minha fantasia, atrelada ao gesto espirituoso do meu amigo, e tirando dele todas as conclusões possíveis, examinando as diversas hipóteses.

Mas, retomando minhas próprias palavras, meu amigo rompeu bruscamente o curso das minhas divagações:

– Sim, você tem razão. Não há prazer mais enternecedor que surpreender alguém dando-lhe mais do que ele espera receber.

Olhei no branco dos seus olhos, e foi com espanto que constatei que neles de fato brilhava uma incontestável candura. Compreendi então claramente que ele quisera fazer, ao mesmo tempo, caridade e um bom negócio; ganhar o coração de Deus e um punhado de tostões; arrematar o paraíso economicamente; em suma, obter de graça a insígnia de homem caridoso. A alegria criminosa de que eu lhe julgava capaz, isso eu quase lhe perdoaria. Que ele se divertisse em comprometer os pobres, isso eu podia achar curioso, singular. Mas jamais lhe perdoei a inépcia do cálculo. A maldade não tem desculpa, mas há algum mérito em se saber maldoso. O mais irreparável dos vícios é fazer o mal por ignorância.

XXIX

O jogador generoso

Ontem, em meio à multidão do boulevard, fui roçado por um ser misterioso, que sempre quis conhecer e imediatamente reconheci, apesar de jamais tê-lo visto. O sujeito carregava, sem dúvida, dentro de si, relativamente a mim, um desejo análogo, pois piscou singularmente o olho ao passar por mim, num sinal a que tratei de corresponder. Segui-o atentamente, e logo eu descia atrás dele até uma sedutora habitação subterrânea, de um luxo ostensivo, que nenhuma das habitações superiores de Paris poderia superar como exemplo. Era curioso que eu pudesse ter passado tantas vezes ao lado daquele admirável retiro sem nunca adivinhar-lhe a entrada. Ali reinava uma atmosfera refinada, embora embriagante, que fazia imediatamente esquecer o que a vida tinha de horroroso e cansativo. Ali, respirava-se uma beatitude sombria, semelhante àquela que deviam experimentar os comedores de lótus quando, ao desembarcar numa ilha mágica, iluminada pelos resplendores de uma tarde eterna, sentiam nascer em si mesmos, ao som entorpecente de cascatas melodiosas, o desejo de jamais rever seus lares, suas mulheres, seus filhos, de jamais voltar a sulcar as vastas ondas do oceano.

Havia lá homens e mulheres de rostos estranhos, assinalados por uma beleza fatal, e que eu acreditava já ter visto em épocas e países que não conseguia lembrar com precisão. Eles me inspiravam antes uma simpatia fraterna do que esse temor que geralmente nasce da presença do desconhecido. Se eu quisesse tentar definir de alguma maneira a expressão singular dos seus olhares, diria que nunca vi olhos cujo intenso brilho manifestasse tanto horror pelo tédio e um tal desejo, imortal, de sentir-se vivo.

Ao nos sentarmos, eu e meu anfitrião éramos já velhos e bons amigos. Comemos, bebemos exageradamente de todos os tipos de vinhos extraordinários e, coisa não menos extraordinária, pareceu-me, depois de várias horas, que nenhum de nós estava bêbado. Entretanto, o jogo, esse prazer de super-homem, obrigara-nos a interromper várias vezes as nossas libações, e devo dizer que eu jogara e perdera minha alma, num pacto, com uma indiferença e desenvoltura heroicas. A alma é algo tão impalpável, frequentemente tão inútil e por vezes tão constrangedora, que não experimento, quanto a essa perda, senão um pouco menos de emoção que se houvesse perdido, em uma caminhada, meu cartão de visitas.

Fumamos por um longo período charutos cujo sabor e perfume incomparáveis davam à alma a nostalgia de países e felicidades desconhecidas. Inebriado de todas essas delícias, ousei, num acesso de familiaridade que não pareceu desagradá-lo, gritar, apoderando-me de um copo cheio até a borda:

– À sua saúde, velho Bode imortal!

Falamos do universo, da sua criação e da sua destruição. Da grande ideia do século, quer dizer, da ideia de progresso e aperfeiçoamento. Falamos, em geral, de todas as formas de presunção humana. Quanto a esse assunto, Sua Alteza não calava, desfiando uma lista de gracejos levianos mas irrefutáveis, e neles se exprimia com uma suavidade de dicção e uma graça tão tranquila como jamais encontrei nos grandes contadores de caso da humanidade. Ela me explicou o absurdo das diferentes filosofias que até o momento haviam se apoderado do cérebro humano, e dignou-se até mesmo a me confidenciar alguns princípios fundamentais cujos benefícios e cujas propriedades não convém partilhar com ninguém. Ela não se queixou de forma alguma da má reputação de que gozava em todas as partes do mundo, e me assegurou ser, ela mesma, a principal interessada na destruição da *superstição.* Confessou-me que apenas uma única vez o poder que ela tinha metera-lhe medo. Foi no dia em que ouvira um pregador, mais sutil que os comparsas dela, gritar do púlpito:

– Irmãos, sempre que ouvirem elogiarem o progresso das luzes, não esqueçam: a astúcia maior do diabo é convencer-lhes de que ele não existe!

A lembrança desse célebre orador conduziu-nos naturalmente ao tema das academias, e meu estranho comensal admitiu que, em muitos casos, não se negava a inspirar a pena, o discurso e a consciência de pedagogos. Ele assistia, quase todos os dias, pessoalmente, embora invisível, a todas as sessões acadêmicas.

Encorajado por tanta bondade, pedi-lhe notícias de Deus, que ele, não fazia muito, tinha visto. Respondeu-me com uma indiferença matizada de uma certa tristeza:

– Nós nos cumprimentamos sempre que nos vemos, mas como velhos fidalgos em que uma polidez nata não conseguiria apagar totalmente a lembrança de antigos ressentimentos.

É duvidoso que Sua Alteza tenha concedido, alguma outra vez, uma audiência tão longa a um simples mortal, e eu temia estar abusando da sua paciência. Enfim, com o arrepio da aurora que já começava a branquear os vidros, o célebre personagem, cantado por tantos poetas e servido por tantos filósofos que trabalham para sua glória sem o saber, me disse:

– Quero que tenha de mim uma boa recordação. Quero lhe provar que eu, de quem falam tão mal, sou algumas vezes um *belo diabo*, para me servir de uma das suas expressões vulgares. A fim de compensá-lo pela perda irremediável da sua alma, vou conceder-lhe a parada que você teria ganho, caso a sorte estivesse do seu lado, quer dizer, a possibilidade de se curar e ver-se livre, durante toda a vida, dessa sensação bizarra que é o tédio, fonte de todas as suas doenças e do seu miserável progresso. Ajudarei a realizar qualquer desejo que em você se constitua; você vai reinar sobre todos os seus vulgares semelhantes; você vai ser adulado, e até mesmo adorado; dinheiro, ouro, diamantes, palácios maravilhosos serão oferecidos a você com insistência, e sem que você tenha feito qualquer esforço para obtê-los; você mudará de pátria e região tantas vezes quanto assim o quiser a sua fantasia; você vai se inebriar de delícias, sem se cansar, em países pitorescos em que sempre faz calor e as mulheres exalam cheiro de flores etc. – acrescentou ele, levantando e se despedindo com um sorriso.

Não fosse pelo receio de constrangê-lo diante de uma tão grande assembleia, eu teria de bom grado me atirado aos pés desse jogador generoso, para agradecer-lhe a inesperada munificência. Mas pouco a pouco, depois de eu deixar aquele lugar, entrou em meu seio a incurável desconfiança.

Eu não ousava mais acreditar em uma felicidade assim tão prodigiosa, e ao me deitar, sem deixar de fazer, por um resquício de hábito imbecil, as orações, repetia semiacordado:

– Deus! Senhor, meu Deus! Faça com que o diabo mantenha a palavra dele!

XXX

O fio

A Édouard Manet

– As ilusões – dizia um amigo meu – são tão numerosas quanto, talvez, as relações que os homens estabelecem entre si ou com as coisas. E quando a ilusão desaparece, quer dizer, quando vemos o ser ou o fato tal qual ele existe fora de nós, experimentamos uma sensação estranha, cujo enigma deve-se em parte à nostalgia do fantasma desaparecido, e em parte à surpresa agradável diante da novidade, diante do real. Se acaso existe um fenômeno evidente, trivial e sempre parecido, de uma natureza tal que, quanto a ele, é impossível nos enganarmos, é o amor de mãe. É tão difícil supor uma mãe desprovida de amor materno quanto supor uma luz desprovida de calor. Não seria, portanto, perfeitamente legítimo atribuir ao amor materno todas as ações e as palavras de uma mãe, as quais sejam relativas a seu filho? Mas escute esta história que vou lhe contar, na qual fui mistificado pela mais natural das ilusões.

"Minha profissão de pintor me leva a observar atentamente os rostos, as fisionomias com que cruzo em meu caminho. Você sabe quantas alegrias tiramos dessa faculdade que, a nossos olhos, torna a vida mais viva e mais significativa do que ela é para outros homens. No bairro afastado onde habito, e em que as construções são ainda separadas por vastas extensões de relva, observei muitas vezes um menino cuja expressão viva e buliçosa me seduziu à primeira vista, mais que qualquer outra. Ele posou para mim mais de uma vez, e o transformei em pequeno boêmio, em anjo, no Amor da mitologia. Fiz com que carregasse o violino dos vadios, a coroa de espinhos e os cravos da Paixão, a tocha de Eros. Enfim, as bobagens que esse traquinas fazia despertavam-me um prazer tão vivo que pedi a seus pais, pessoas pobres, que o cedessem a meus cuidados. Prometi vesti-lo decentemente e lhe dar algum dinheiro, sem exigir nada em troca senão a limpeza dos meus pincéis e a realização de uma que outra incumbência como menino de recados. Essa criança, de rosto lavado, se tornou encantadora, e a vida que ela levava junto a mim lhe parecia o paraíso, comparativamente àquela que tivera de suportar no pardieiro paterno. Mas devo dizer que esse homenzinho me surpreendia algumas vezes por causa das suas crises singulares de uma tristeza precoce. Bem cedo ele manifestou um gosto imoderado pelo açúcar e os licores, a tal ponto que um dia, quando constatei que, malgrado todas as minhas advertências, ele tinha cometido um novo furto desse gênero, ameacei enviá-lo de volta a seus pais. Em seguida eu saí, e meus compromissos me retiveram por um bom tempo fora de casa.

"Qual não foi o espanto e o horror que senti quando, ao voltar para casa, a primeira coisa que vi foi meu homenzinho, o traquinas buliçoso que eu adotara, enforcado na porta desse guarda-roupa? Seus pés quase tocavam o assoalho; uma cadeira, que ele sem dúvida empurrara com o pé, estava caída ao seu lado; a cabeça inclinava-se, convulsionada, sobre o ombro; o rosto inchado e os olhos arregalados com uma fixidez medonha deram-me, de início, a impressão de que vivia. Despendurá-lo era um imperativo mais difícil de executar do que poderia parecer. Ele já estava completamente duro, e a ideia de fazê-lo despencar bruscamente no chão dava-me um asco inexplicável. Eu precisava, com um braço, sustentar todo o seu peso e, com a mão do outro braço, cortar o fio. Mas isso feito, a função não estava acabada; o monstrinho tinha se valido de um fino barbante que lhe entrara profundamente na carne, e agora era preciso, para desprendê-lo do pescoço, buscar com a ajuda de uma tesourinha entre as dobras intumescidas do inchaço.

"Esqueci-me de dizer que eu havia gritado por socorro, mas todos os meus vizinhos se recusavam a vir me ajudar, fiéis assim aos hábitos do homem civilizado, que não quer de forma alguma, não sei por que motivo, ver-se envolvido com um enforcado. Apareceu por fim um médico, que declarou que a criança estava morta já há várias horas. Quando, mais tarde, fomos despi-la para o sepultamento, a rigidez cadavérica era tal que, desistindo de dobrar seus membros, tivemos de rasgar e cortar as roupas a fim de poder tirá-las.

"O comissário a quem, naturalmente, tive de explicar o ocorrido me olhava desconfiado, e disse:

"– Eis um caso suspeito! – movido, sem dúvida, por um desejo inveterado e um hábito adquirido de assustar inocentes e culpados.

"Restava uma tarefa dificílima a cumprir, a qual me causava, só de pensar nela, uma angústia terrível: avisar os pais. Meus pés se recusavam a ir até lá. Acabei tomando coragem. Para o meu espanto, a mãe mostrou-se impassível. Nenhuma lágrima emergiu do canto do seu olho. Atribuí essa bizarrice ao choque que a notícia devia ter lhe causado, e me lembrei do velho ditado: as dores mais terríveis são as dores emudecidas. Quanto ao pai, ele se limitou a dizer, com um ar metade atordoado, metade devaneante:

"– Talvez seja melhor assim. De qualquer forma, ele não terminaria bem!

"Mas o corpo continuava estendido no meu sofá, e, com a ajuda de um empregado, eu me ocupava dos últimos preparativos, quando a mãe entrou no meu ateliê. Ela queria, conforme alegava, ver o cadáver do filho. Eu não podia, é verdade, impedi-la de se embriagar no seu sofrimento, recusando-lhe essa suprema e terrível consolação. Em seguida, ela implorou que eu lhe mostrasse o lugar onde o menino havia se enforcado.

"– Ah, por favor! Isso não, madame! – respondi. – Vai lhe fazer mal.

"E como meus olhos se voltaram, involuntariamente, na direção do armário lúgubre, percebi, com um desgosto misto de horror e raiva, que o prego continuava na porta do armário, tendo nele ainda dependurado um bom pedaço de barbante. Lancei-me agilmente naquela direção para arrancar esses últimos vestígios da desgraça, e quando estava prestes a atirá-los pela janela, a pobre mulher segurou-me pelo braço e disse numa voz imperiosa:

"– Ah, meu senhor! Por favor, deixe isso comigo, eu imploro!

"Pareceu-me que seu desespero a perturbara de tal modo que ela agora se enternecia por aquilo que havia servido de instrumento para a morte do filho, e que ela queria guardar como uma horrível e adorada relíquia. E ela se apoderou do prego e do barbante.

"Enfim! Agora tudo estava acabado. Só me restava retornar ao trabalho, mergulhando nele mais vivamente do que de hábito, a fim de despedir pouco a pouco esse cadáver que assombrava os recônditos do meu cérebro, e cujo fantasma me oprimia, com seus olhos grandes e fixos. Mas no dia seguinte recebi uma porção de cartas: umas eram dos meus locatários, outras dos meus vizinhos; uma do primeiro andar, outra do segundo, outra do terceiro, e assim por diante. Umas vinham escritas em estilo meio debochado, como que para disfarçar a seriedade do pedido sob a aparência de um gracejo. Outras traziam erros de ortografia e eram descaradas, mas o objetivo permanecia sempre o mesmo, quer dizer, obter de mim um pedaço daquele funesto e beatífico fio. Entre os signatários havia, tenho de dizer, mais mulheres do que homens. E nem todas pertenciam, acredite-me, à classe mais baixa e vulgar. Guardei essas cartas.

"E foi então que, de súbito, um clarão se abriu em meu cérebro, e entendi por que a mãe tanto se empenhara em me arrancar o barbante, e por meio de que negócio ela pretendia se consolar."

XXXI

As vocações

Num belo jardim em que os raios do sol de outono pareciam se deter por vontade própria, sob um céu já esverdeado, em que nuvens de ouro flutuavam como continentes em viagem, quatro belas crianças, quatro meninos, cansados de brincar, sem dúvida, conversavam entre si.

Um dizia:

– Ontem, levaram-me ao teatro. Em palácios grandes e tristes, ao fundo dos quais se via o mar e o céu, homens e mulheres, sérios e tristes também, mas bem mais belos e mais bem-vestidos que aqueles que vemos por aí, conversavam cantando. Eles se ameaçavam, suplicavam, caíam em desespero, e apoiavam às vezes a mão sobre um punhal que traziam na cintura. Ah! Que bonito que era! As mulheres são maiores e bem mais bonitas que essas que nos visitam e é impossível deixar de amá-las, apesar do medo que causam seus olhos escancarados e as bochechas muito vermelhas. A gente tem medo, vontade de chorar, e no entanto fica contente... E além disso, o que é mais estranho, dá vontade de usar aquelas roupas, de dizer e fazer aquelas coisas, de falar com a mesma voz...

Uma das quatro crianças, que depois de algum tempo já não ouvia mais o discurso do seu camarada e concedia a sabe-se lá que fenômeno no céu uma atenção surpreendente, de repente disse:

– Olhem, olhem lá! Estão vendo? Está sentado naquela nuvem isolada, naquela nuvem cor de fogo, que se desloca devagar. *Ele* também, *ele* também nos observa!

– Mas do que você está falando? – perguntavam os outros.

– De Deus! – respondeu ele, com uma ênfase de total convicção. – Ah! Agora se afastou. Daqui a pouco, vocês não poderão ver mais. Está viajando, é claro. Vai visitar um outro país. Prestem atenção que agora ele vai passar logo acima daquela fileira de árvores, quase no horizonte... e agora está descendo por trás do campanário... Ah! Desapareceu!

E o menino continuou voltado para o mesmo lado por um bom tempo, observando a linha que separa a terra do céu, com olhos em que brilhava uma enigmática expressão de nostalgia e êxtase.

– É bem besta esse aí, com seu bom Deus que ninguém mais vê! – disse então um terceiro, cuja figura diminuta era marcada por uma vivacidade e vitalidade singulares. – Pois vou lhes contar como me aconteceu uma coisa que a vocês nunca aconteceu, e que interessa um pouco mais que o teatro e as nuvens. Faz poucos dias, meus pais me levaram com eles numa viagem e, como no albergue em que paramos não havia leitos suficientes para nós, ficou decidido que eu dividiria o meu com minha aia.

Ele puxou os camaradas para junto de si e falou num tom de voz mais baixo:

– Isso faz uma grande diferença, não dormir sozinho e dividir o leito com a aia, no escuro. Como eu não dormia, me distraí, enquanto ela dormia, passando a mão nos seus braços, no seu pescoço e nas suas costas. Ela tem os braços e o pescoço bem mais fortes que os das outras mulheres, e a pele dela é tão macia, tão macia, que parece papel de carta, papel de seda. Eu achava aquilo tão bom que teria continuado por muito tempo, se eu não tivesse medo; primeiro, medo de acordá-la, e depois um outro medo, não sei bem de quê. Logo enfiei a cabeça no meio dos seus cabelos, que estavam caídos para trás, e eram espessos como uma crina. O cheiro deles era tão bom, garanto a vocês, como o das flores desse jardim, aqui agora. Experimentem, quando puderem, fazer como eu fiz, e vocês vão ver!

O jovem autor daquela revelação prodigiosa tinha, ao fazer o seu relato, os olhos ainda encarquilhados daquela espécie de estupefação que ele provara, e os raios do sol poente, deslizando através dos anéis ruivos da sua cabeleira desgrenhada, acendiam nela como que uma auréola sulfurosa de paixão. Era fácil adivinhar que esse aí não passaria a vida inteira a procurar a divindade nas nuvens, e que ele a encontraria muitas vezes em outra parte.

Por fim, o quarto falou:

– Vocês sabem que não me divirto em casa. Nunca me levam ao teatro, meu tutor é muito sovina. Deus não dá atenção nem a mim nem ao meu tédio, e não tenho uma bela aia para afagar. Muitas vezes me pareceu que meu prazer seria seguir sempre em frente, sem saber bem para onde, sem que ninguém comigo se preocupasse, passando sempre por países diferentes. Nunca fui a parte alguma, e sempre acreditei que em qualquer parte estaria melhor que onde estou. Bem! Na última feira do vilarejo aqui ao lado, vi três homens que viviam como eu queria. Vocês não deram atenção a eles. Eram altos, quase pretos e muito orgulhosos, apesar das roupas esfarrapadas, com o ar de não precisarem nada de ninguém. Seus olhos grandes e sombrios brilhavam como nunca quando eles tocavam. Sua música era tão surpreendente que dava vontade de dançar, de chorar, de fazer os dois ao mesmo tempo, e parecia que se ia enlouquecer ouvindo-os demais. Um deles, ao arrastar o arco sobre o violino, parecia contar uma tristeza, e o outro, ao fazer saltitar o martelinho nas cordas do pequeno piano que trazia dependurado ao pescoço por uma cinta, parecia debochar dos lamentos do amigo, enquanto o terceiro batia uma vez que outra seus címbalos com uma violência extraordinária. Estavam tão felizes que continuaram a tocar seus instrumentos mesmo depois de a multidão ter se dispersado. Por fim, recolheram o seu dinheiro, botaram a bagagem nas costas e foram embora. Eu, querendo saber onde viviam, segui-os de longe, até a margem do bosque, onde só então compreendi que não moravam em parte alguma.

"Um deles disse:

"– Montamos a barraca?

"– Não! – respondeu o outro. – Faz uma bela noite!

"O terceiro dizia, contando a receita:

"– Essa gente não gosta de música, e as mulheres deles dançam como ursos. Felizmente, em menos de um mês estaremos na Áustria, onde o povo é mais cordial.

"– Seria melhor ir talvez à Espanha, que a boa estação aqui já está terminando. Vamos fugir antes das chuvas, e assim só levamos molhada a garganta – disse um dos outros dois.

"Como veem, me lembro de tudo. Em seguida, cada um deles bebeu um copo de aguardente e pegaram no sono, olhando para as estrelas. Tive vontade de pedir que me levassem junto, que me ensinassem a tocar aqueles instrumentos, mas não ousei fazer isso, sem dúvida porque é sempre difícil tomar uma decisão, seja ela qual for. E também porque eu tinha medo de que me pegassem de volta, antes de eu sair da França."

O ar pouco interessado dos outros três camaradas me fez pensar que esse pequeno era já um *incompreendido*. Observei-o atentamente. Ele tinha no olhar e no rosto algo de indefinido e precocemente fatal, que em geral não causa boa impressão, mas que por algum motivo atraiu a minha simpatia, a ponto de me ocorrer por um instante o disparate de que eu pudesse ter um irmão até então desconhecido.

O sol estava se pondo. A noite tomava com pompa o seu lugar. As crianças se separaram, indo cada uma delas, por conta própria, conforme as diferentes circunstâncias e os riscos do acaso, amadurecer seu destino, escandalizar os que lhe eram próximos e gravitar na direção da glória ou da desonra.

XXXII

O tirso

A Franz Liszt

O que é um tirso? Em sentido moral e poético, é um emblema sacerdotal na mão de sacerdotes e sacerdotisas que celebram a divindade da qual eles são os intérpretes e servidores. Mas fisicamente não passa de um bastão, um puro e simples bastão, vara de lúpulo, pau de vinha, seco, duro e reto. Ao redor desse bastão, em meandros caprichosos, hastes e flores, estas sinuosas e fugidias, aquelas inclinadas como sinos ou taças invertidas. E uma glória surpreendente jorra dessa complexidade de linhas e de cores, suaves e chocantes. Não se poderia dizer que linhas curvas e espiraladas fazem a corte à linha reta, em torno da qual elas dançam em muda adoração? Não se poderia dizer que todas essas corolas delicadas, todos esses cálices, explosão de aromas e de cores, executam um fandango místico ao redor do bastão hierático? E que mortal seria, entretanto, imprudente a ponto de ousar decidir se as flores e as videiras foram feitas para o bastão, ou se o bastão não é senão pretexto para exibir a beleza das videiras e das flores? O tirso é a representação do seu espantoso dualismo, mestre poderoso e venerado, Bacante da Beleza misteriosa e apaixonada. Nunca uma ninfa exasperada pelo invencível Baco sacudiu seu tirso sobre a cabeça de suas companheiras enlouquecidas com tanta energia e tanto capricho como você agita o seu gênio diante dos corações dos seus irmãos. O bastão é a sua vontade, reta, firme e inabalável; as flores são os passeios feitos pela sua fantasia ao redor da sua vontade; é o elemento feminino executando ao redor do masculino suas formidáveis piruetas. Linha reta e arabesco, intenção e expressão, solidez da vontade, sinuosidade do verbo, unidade da meta, variedade dos meios, amálgama todo-poderoso e indivisível do gênio, que analista teria a desprezível coragem de dividi-lo e separá-lo?

Caro Liszt, pelas brumas, além dos rios, acima das vilas onde os pianos cantam a sua glória, onde as gráficas traduzem a sua sabedoria, em qualquer lugar em que você esteja, nos esplendores da cidade eterna ou nas brumas dos países de sonhos que Gambrinus consola, improvisando cantos de deleite ou de dor inexprimível, confiando ao papel as suas meditações abstrusas, cantor da Volúpia e da Angústia eternas, filósofo, poeta e artista, a você eu saúdo na imortalidade!

XXXIII

Embebedem-se

É preciso estar sempre bêbado. Está tudo aí: essa é a única questão. Para não sentir o fardo terrível do tempo que nos despedaça os ombros e inclina para o chão, é preciso se embriagar sem trégua.

Mas de quê? De vinho, de poesia ou de virtude, do que preferirem. Mas embebedem-se.

E se, alguma vez, nos degraus de um palácio, na erva verde de uma vala, vocês se acordarem com a bebedeira já diminuída ou desaparecida, perguntem ao vento, à onda, à estrela, ao pássaro, ao relógio, a tudo que foge, a tudo que geme, a tudo que rola, a tudo que canta, a tudo que fala, perguntem-lhes as horas. E o vento, a onda, a estrela, o pássaro, o relógio vão responder:

– É hora de se embebedar! Para não serem os escravos martirizados do tempo, embebedem-se, embebedem-se sem parar! De vinho, de poesia ou de virtude, daquilo que preferirem!

XXXIV

Já?!

O sol já tinha se erguido cem vezes, radiante ou entristecido, daquela tina imensa do mar, cujas bordas mal se percebem. Cem vezes ele voltara a mergulhar, resplandecente ou lúgubre, no seu imenso banho noturno. Depois de numerosos dias, podíamos contemplar o outro lado do firmamento e decifrar o alfabeto celeste dos antípodas. E cada um dos passageiros gemia e grunhia. Dizia-se que a proximidade da terra firme exacerbava-lhes o sofrimento.

– Quando – diziam eles – é que poderemos dormir sem sermos sacudidos pelas ondas? Perturbados pelo vento que ronca mais forte que nós? Quando é que poderemos comer carne que não seja salgada como esse elemento infame que nos carrega? Quando é que poderemos fazer a digestão em uma poltrona imóvel?

Havia aqueles que pensavam na casa que haviam deixado, que sentiam falta das mulheres implicantes e infiéis, da prole barulhenta. Estavam todos tão perturbados pela imagem da terra ausente que teriam, creio eu, comido pasto com mais entusiasmo do que as bestas.

Afinal, uma praia foi avistada, e vimos, nos aproximando, que era terra magnífica, deslumbrante. Pareciam se destacar dela, num vago murmúrio, canções de vida. E um delicioso odor de flores e frutas exalava das suas várias partes, ricas em todo o tipo de vegetação, e movia-se para outras regiões.

A alegria fez com que cada um abdicasse do seu mau humor. Todas as brigas foram esquecidas, todas as ofensas perdoadas. Os duelos combinados foram riscados da memória, e os rancores se dissiparam como fumaça.

Só eu estava triste, inexplicavelmente triste. Como um padre a quem tivessem arrancado a divindade, eu não podia, sem uma desoladora amargura, me afastar desse mar tão monstruosamente sedutor, desse mar tão infinitamente variável em sua simplicidade assustadora, e que parece conter em si e representar pelo seu movimento, seus gestos, sua fúria e seu sorriso, os humores, as agonias e os êxtases de todas as almas que já viveram e vão viver!

Ao dizer adeus a essa incomparável beleza, me senti prostrado até a morte; e é por isso que, quando cada um dos meus companheiros dizia:

– Finalmente!

Eu não podia gritar senão:

– Já?!

Entretanto, era a terra firme, a terra com seus ruídos, suas paixões, suas comodidades, suas festividades. Uma terra rica e magnífica, cheia de promessas, que nos enviou um misterioso perfume de rosa e almíscar, e de onde canções de vida nos chegavam num amoroso murmúrio.

XXXV

As janelas

Aquele que, de fora, olha através de uma janela aberta não vê nunca tantas coisas quanto aquele que olha para uma janela fechada. Não há nada mais profundo, mais misterioso, fecundo, mais tenebroso, desconcertante que uma janela iluminada por uma candeia. Aquilo que podemos enxergar à luz do sol é sempre menos interessante que aquilo que se passa atrás de uma vidraça. Nesse buraco escuro ou luminoso, a vida vive, a vida sonha, a vida sofre.

Mais além do oceano ondulante dos telhados, vejo uma mulher madura, enrugada, pobre, sempre inclinada sobre alguma coisa, e que jamais sai de casa. A partir do semblante, das roupas, dos gestos, a partir de muito pouco, reconstituí a história dessa mulher, ou melhor, sua lenda, que às vezes repito a mim mesmo, chorando.

Se se tratasse de um homem pobre e velho, eu teria reconstituído a sua, com a mesma facilidade.

E eu durmo, orgulhoso de haver vivido e sofrido em alguém que não sou eu.

Talvez você me questionasse:

– Como você pode ter certeza da veracidade da lenda?

Que importa o que pode ser a realidade fora de mim, se ela me ajudou a viver, a sentir que eu sou e aquilo que sou?

XXXVI

O desejo de pintar

Infeliz talvez seja o homem, mas o artista a quem o desejo dilacera, esse é feliz!

Eu ardo a fim de pintar aquela que me apareceu tão raramente e fugiu tão rápido, como um belo objeto nostálgico deixado para trás pelo viajante que se embrenha na noite. Como faz tempo que ela desapareceu!

Ela é bela, ela é mais que bela, ela é espantosa. Nela, abundam as trevas, e tudo aquilo que ela inspira é noturno e profundo. Seus olhos são dois antros em que cintila vagamente o mistério, e seu olhar ilumina como um relampejar: uma explosão no escuro.

Eu a compararia a um sol negro, se pudéssemos conceber um astro negro vertendo a luz e a felicidade. Mas lembra mais espontaneamente a lua, que sem dúvida imprimiu nela sua temível influência; não a lua branca dos idílios, que mais parece uma esposa insossa, mas a lua sinistra e inebriante, suspensa no fundo de uma noite tempestuosa e acotovelada pelas nuvens que passam; não a lua pacífica e discreta que visita o sono dos homens puros, mas a lua extirpada do céu, vencida e revoltada, que as bruxas da

Tessália obrigavam rudemente a dançar sobre a erva aterrorizada!

Na sua pequena fronte habitam a vontade tenaz e o amor pela caça. Entretanto, na base desse rosto inquietante, em que narinas moventes aspiram ao desconhecido e ao que não pode ser, irrompe, com uma graça inexprimível, o riso de uma boca grande, vermelha e branca, e deliciosa, que faz sonhar com o milagre de uma flor soberba, eclodida em terreno vulcânico.

Há aquelas que inspiram a vontade de subjugá-las e delas obter algum prazer; mas essa desperta o desejo de morrer lentamente sob o seu olhar.

XXXVII

Os favores da Lua

A Lua, que é o próprio capricho, olhou pela janela você dormindo no berço e disse:

– Gosto dessa criança.

E ela desceu languidamente a sua escadaria de nuvens e, sem fazer barulho, atravessou a vidraça. Depois ela se inclinou sobre você com a agilidade afetuosa de uma mãe, e lhe deixou sobre a face as cores dela. Desde então você tem as pupilas verdes e as bochechas muito pálidas. O tamanho bizarro alcançado pelos seus olhos vem de contemplar essa visitante; e ela lhe apertou a garganta com tanta ternura que você guarda para sempre a vontade de chorar.

Ao mesmo tempo, se expandindo em sua alegria, a Lua tomava conta do quarto, como uma atmosfera fosfórica, como um peixe luminoso; e toda essa luz, viva, pensava e dizia:

– Você sofrerá para sempre a influência do meu beijo. Você será bela à minha maneira. Você vai amar o que eu amo e o que me ama: a água, as nuvens, o silêncio e a noite; o oceano imenso e verde; a água informe e multiforme; o lugar em que você não vai estar; o amante que você não vai conhecer; as flores monstruosas; os perfumes que fazem delirar; os gatos que desfalecem sobre os pianos e que gemem como mulheres, numa voz rouca e doce!

"E você será amada por meus amantes; cortejada pelos meus admiradores. Você será a rainha dos homens de olhos verdes cuja garganta também apertei em minhas carícias noturnas; daqueles que amam o oceano, o oceano imenso, tumultuoso e verde, a água informe e multiforme, o lugar em que eles não estão, a mulher que eles não conhecem, as flores sinistras que parecem incensórios de uma religião desconhecida, os perfumes que perturbam a vontade e os animais selvagens e voluptuosos que são os emblemas da loucura deles."

E é por isso, maldita criança mimada, que agora estou aqui deitado aos seus pés, buscando em você, em sua pessoa, o reflexo da temível divindade, da madrinha fatídica, da ama intoxicante de todos os *lunáticos*.

XXXVIII

Qual é a verdadeira?

Conheci uma certa Benedita que enchia a atmosfera das mais elevadas aspirações, cujos olhos propagavam um ideal de grandeza, de beleza, de glória e de tudo aquilo que faz acreditar na imortalidade.

Mas essa moça milagrosa era bela demais para viver por muito tempo. Sendo assim, morreu poucos dias depois que a conheci, e eu mesmo a enterrei, num dia em que a primavera agitava seu incensório até mesmo nos cemitérios. Fui eu quem a enterrou, bem fechada num caixão perfumado de madeira incorruptível como os cofres da Índia.

E como meus olhos continuavam pregados ao lugar em que estava enfiado meu tesouro, vi subitamente uma pessoinha que lembrava singularmente a defunta e que, pisoteando na terra fresca com uma violência histérica e bizarra, dizia estourando de rir:

– Sou eu! A verdadeira Benedita! Sou eu, a famosa canalha! E como punição pela loucura e tolice de que você dá mostras, vai me amar tal qual eu sou!

Furioso, respondi:

– Não, não e não!

E para dar mais ênfase à minha recusa, bati o pé no chão com tal violência que minha perna afundou até o joelho na sepultura nova e, como lobo apanhado na armadilha, fiquei preso, talvez para sempre, à cova do ideal.

XXXIX

Um cavalo de raça

Ela é bem ordinária. Mas ela é deliciosa!

O Tempo e o Amor marcaram-na com suas garras, e ensinaram-lhe, cruelmente, o que cada minuto e cada beijo roubam de jovialidade e de frescor.

Ela é mesmo ordinária. Ela é formiga, aranha e, se você quiser, esqueleto! Mas ela é também poção, iniciação, feitiçaria! Em suma, tem seu charme.

O Tempo não pôde quebrar a harmonia borbulhante do seu passo, nem a elegância indestrutível do seu porte. O amor não azedou a doçura do seu hálito infantil. E o tempo não arrancou nenhum fio da sua crina farta, da qual exala, em perfumes fulvos, toda a vitalidade endiabrada do sul da França: Nîmes, Aix, Arles, Avignon, Narbonne, Toulouse, cidades abençoadas pelo sol, enamoradas e charmosas!

Em vão foram as belas dentadas do Tempo e do Amor; elas em nada diminuíram o encanto indefinível, mas eterno, do seu peitoral de menino.

Talvez um pouco gasta, mas não cansada, e sempre heroica, ela faz lembrar aqueles puros-sangues que o olho do verdadeiro aficionado reconhece, mesmo quando atrelados a um coche de aluguel ou a uma carroça pesada.

E, além disso, ela é tão apaixonada e fervorosa! Ela ama como se ama no outono. Dir-se-ia que a chegada do inverno acende em seu coração uma nova fogueira, e o servilismo da sua ternura nada tem de cansativo.

XL

O espelho

Um sujeito medonho entra e se olha no espelho.

– Por que é que você se olha no espelho, se o que vê não pode lhe causar senão desgosto?

O homem me respondeu:

– Monsieur, segundo os imortais princípios de 1789, todos os homens têm os mesmos direitos. Tenho, portanto, o direito de me olhar, com gosto ou desgosto, e isso compete apenas à minha vontade.

Em nome do bom senso eu tinha com certeza razão; mas do ponto de vista da lei, ele não estava, em absoluto, errado.

XLI

O porto

Para uma alma cansada das lutas da vida, um porto é uma sedutora morada. A vastidão do céu, a arquitetura móvel das nuvens, as colorações do mar, sempre em mutação, o cintilar dos faróis constituem um prisma fabuloso, capaz de divertir os olhos sem cansá-los. As formas esbeltas das embarcações, sua enxárcia complicada, à qual a ondulação imprime oscilações harmoniosas, se prestam ao cultivo, na alma, do gosto pelo ritmo e pela beleza. E, principalmente, para aqueles que não têm mais nem curiosidade nem ambição, há o prazer misterioso e aristocrático de contemplar, debruçado sobre um mirante ou apoiado num molhe, toda essa movimentação dos que partem e dos que retornam, daqueles que ainda têm força de vontade e desejo de viajar ou de enriquecer.

XLII

Retratos de amantes

Num salão masculino, quer dizer, num fumatório contíguo a uma elegante casa de bisca, quatro homens fumavam e bebiam. Não eram exatamente nem jovens nem velhos, nem belos nem feios; mas, velhos ou jovens, traziam estampada essa distinção identificável de veteranos da alegria, esse indescritível não sei que, essa melancolia fria e zombeteira que diz, atrevida:

– Vivemos intensamente e buscamos só aquilo que podemos amar e estimar.

Um deles puxou a conversa para o tema das mulheres. Teria sido mais filosófico deixar aquele assunto de lado; mas há pessoas inteligentes que, depois de beber um pouco, não desprezam as conversas banais. Gostam de prestar atenção à fala como se presta atenção à música de dança.

– Todos os homens – dizia ele – já passaram pela idade do querubim: época em que, na falta das dríades, abraçamos, sem desgosto, o tronco dos carvalhos. É a primeira fase do amor. Na segunda fase, começamos a escolher. Poder deliberar é já uma decadência. É então que decididamente buscamos a beleza. Quanto a mim, senhores, eu me glorifico por haver chegado, depois de muito tempo, na época climatérica da terceira fase, em que a própria beleza já não satisfaz, se não for temperada pelo perfume, a peruca e algo mais. Confesso mesmo que aspiro, algumas vezes, a uma certa quarta fase, que deve se caracterizar pela tranquilidade absoluta. Mas durante toda a minha vida, com exceção da fase querubim, fui mais sensível que qualquer outro à tolice enervante, à irritante mediocridade das mulheres. O que eu mais amo nos animais é a candura. Imaginem, portanto, o quanto não sofri nas mãos da minha última amante.

"Filha bastarda de um príncipe, não preciso dizer o quanto era bela. Se assim não fosse, nem sei por que eu a haveria tomado. Mas ela estragava essa qualidade suprema por uma ambição inconveniente e monstruosa. Queria sempre bancar o homem:

"– Você não é homem o suficiente! Ah, se eu fosse homem! Eu sou mais homem que você!

"Tais eram os insuportáveis refrãos que saíam dessa boca, de onde eu imaginava que só verdadeiras canções pudessem escapulir. A propósito de um livro, um poema, uma ópera pelos quais eu deixava escapar minha admiração:

"– É com isso que você se impressiona? – retrucava ela, imediatamente. – É o mais forte que pode aguentar? – e seguia, argumentando.

"Um belo dia ela resolveu dar uma de química, de forma que entre a minha boca e a dela havia sempre uma máscara de vidro. E ela era, ainda por cima, puritana. Se alguma vez eu lhe dava um cutucão mais ousado, se encolhia como uma histérica que se tentasse violar."

– E como foi que terminou? – perguntou um dos outros três. – Você não costuma ter tanta paciência.

– Foi Deus quem fez intervir o remédio certo – disse ele. – Um dia surpreendi essa Minerva, ávida de força suprema, num tête-à-tête com meu criado, em tais condições que fui obrigado a me retirar discretamente, a fim de não fazê-los corar. À noite, despachei os dois, pagando-lhes todos os atrasados.

– Quanto a mim – retomou o que havia interrompido –, não tenho de reclamar senão de mim mesmo. A felicidade se instalou em minha casa, e não a reconheci. Foi-me outorgada pelo destino, nos últimos anos, a alegria de uma mulher, a mais doce, a mais submissa, a mais dedicada das criaturas, e sempre pronta! E sem entusiasmo!

"– Quero sim, já que lhe faz feliz – assim ela respondia normalmente. Se vocês saíssem dando bengaladas nessa parede e nesse sofá, arrancariam deles mais suspiros do que eu tirava do seio da minha amada durante os arrebatamentos amorosos mais apaixonados. Depois de um ano de vida em comum, ela me confessou que não sabia o que era o gozo. Enjoei desse duelo desigual, e essa jovem, incomparável, se casou. Mais tarde, tive vontade de revê-la, e ela me disse, exibindo seis belas crianças:

"– Sim, meu caro! A esposa continua tão *virgem* quanto era a sua amante.

"Nada havia mudado nela. Às vezes sinto sua falta: eu devia tê-la esposado."

Os outros se olharam sorrindo, e um terceiro disse, por sua vez:

– Senhores, conheci delícias que vocês talvez ignorem. Quero falar do cômico no amor, e de um cômico que não exclui a admiração. Admirei mais minha última amante do que vocês podem ter, creio eu, odiado ou amado as de vocês. E todo mundo a admirava tanto quanto eu. Quando entrávamos num restaurante, em poucos minutos, as pessoas, contemplando-a, se esqueciam de comer. Os próprios garçons e a moça do caixa eram afetados por esse êxtase contagioso, e acabavam se esquecendo dos seus deveres. Em suma, vivi por um período em tête-à-tête com um verdadeiro *fenômeno*. Ela comia, mastigava, esmagava, devorava, enfim, engolia, mas com o ar mais distraído e mais despreocupado do mundo. Eu olhava para ela extasiado. Ela tinha uma maneira terna, sonhadora, inglesa e romanesca de dizer:

"– Estou com fome!

"E ela repetia essas palavras dia e noite, mostrando os mais belos dentes do mundo, que teriam enternecido e ao mesmo tempo divertido vocês. Eu poderia ter enriquecido exibindo-a nas feiras como *monstro polífago*. Eu a alimentava bem, mas ela me deixou..."

– Por um atacadista de produtos alimentícios, sem dúvida?

– Alguma coisa do gênero, uma espécie de funcionário de uma intendência que, por algum estratagema dele conhecido, fornecia a essa pobre menina a ração de vários soldados. Pelo menos foi isso que supus...

– Já eu... – disse o quarto homem – tive de aguentar os mais atrozes sofrimentos por causa justamente do contrário daquilo que em geral se condena no egoísmo feminino. Vocês são na verdade demasiado afortunados, e pouco me convencem as queixas que fazem das imperfeições de suas amantes!

Isso foi dito num tom de absoluta seriedade, por um homem de aspecto ponderado, que parecia até afável, na sua fisionomia quase clerical, iluminada por olhos de um cinza muito claro. Olhos que pareciam dizer, consecutivamente: "Eu quero!", "É preciso!", "Jamais perdoarei!".

– Você, G..., nervoso como é, vocês, K... e J..., medrosos e fúteis como são, caso tivessem se envolvido com uma certa mulher das minhas relações, teriam desaparecido ou estariam mortos.

No meu caso, sobrevivi, como podem ver. Imaginem uma pessoa incapaz de cometer qualquer erro, seja em termos de sentimento ou de cálculo; imaginem um caráter que de tão sereno é desolador; um desprendimento sem qualquer pose ou graça; uma ternura sem fraqueza; uma energia sem violência. A história do meu amor lembra uma viagem interminável por uma superfície pura e polida, como um espelho, vertiginosamente monótona, que teria refletido todos os meus sentimentos e gestos com a exatidão irônica da minha própria consciência, de modo que eu não podia me permitir nenhum gesto ou sentimento desarrazoado sem perceber de imediato a censura muda do meu espectro inseparável. O amor me parecia uma tutela. Quantas besteiras ela me impediu de fazer, e que agora me arrependo não ter feito! Quantas dívidas tive de pagar a contragosto! Ela me privava de todos os benefícios que eu poderia ter tirado de minha loucura pessoal. Com regras frias e inflexíveis, suprimia todos os meus caprichos. Para o cúmulo do horror, passado o perigo, ela não exigia sequer reconhecimento. Quantas vezes tive de me conter para não saltar à sua garganta, gritando:

"– Cometa alguma imperfeição, sua miserável, a fim de que eu possa amá-la sem constrangimento! Sem raiva...

"Durante vários anos admirei-a, enfurecido. Enfim, não fui eu quem morreu disso."

– Ah! Mas morreram outros? Ela então está morta?

– Sim! Aquilo não podia continuar. O amor tinha se tornado, para mim, um pesadelo opressivo. Vencer ou morrer, como se diz em política, era a alternativa que me impunha o destino! Uma noite, num parque... à beira de um lago... depois de um passeio melancólico em que seus olhos refletiam a ternura do céu e meu coração se crispava como o próprio inferno...

– Que foi que aconteceu?!

– Mas como?!

– O que é que você está dizendo?!

– Foi inevitável. Meu senso de equanimidade me impede de surrar, ultrajar ou pôr na rua um bom empregado. Mas é preciso contrapor a isso o horror que esse ser me inspirava. E eu precisava me desembaraçar dele sem faltar-lhe com o respeito. Que mais podia eu fazer, *sendo ela tão perfeita*?

Os três outros companheiros lançaram a ele um olhar vago e ligeiramente aparvalhado, como que fingindo não compreender, e como que confessando, implicitamente, que não se sentiam capazes de um ato tão rigoroso, por mais que bem explicado.

Pediram outra garrafa, a fim de matar o tempo, que resiste e dura, e acelerar a vida, que passa tão lentamente.

XLIII

O galante atirador

Atravessavam um bosque, quando ele pediu ao cocheiro que parasse na proximidade de uma galeria de tiro, dizendo que lhe seria agradável disparar algumas balas para *matar* o tempo. Matar esse monstro, não é essa a ocupação mais ordinária e a mais legítima de todos nós? E, galante, ele deu a mão à sua querida, deliciosa e execrável mulher, a essa misteriosa mulher a quem ele devia tantos prazeres, tantos sofrimentos, e talvez também uma boa parte do seu gênio.

Numerosas balas acertaram longe do alvo proposto; uma delas chegou a enfiar-se no teto; e como a encantadora criatura ria como louca, debochando da falta de jeito do marido, ele se voltou bruscamente na direção dela e disse:

– Você está vendo essa boneca, ali, à direita, de nariz empinado e que tem uma aparência tão altaneira? Pois bem, meu anjo, *vou fazer de conta que é você.*

E ele fechou os olhos e atirou. A boneca foi decapitada.

Voltando-se, então, para a sua querida, deliciosa, execrável mulher, sua incontornável e inexorável Musa, e beijando-lhe respeitosamente a mão, ele acrescentou:

– Ah, meu anjo! Quanto lhe sou grato pela minha destreza!

XLIV

A sopa e as nuvens

À noite, minha adorável doidivanas dava-me de comer, e pela janela aberta da sala de jantar eu contemplava as arquiteturas móveis que Deus faz com seus vapores, maravilhosas construções do impalpável. E contemplando eu me dizia:

– Essas fantasmagorias são quase tão belas como são grandes os olhos da minha amada, doidivanas monstruosa de olhos verdes.

E de súbito percebi que me davam um murro nas costas, e ouvi uma voz rouca e deliciosa, uma voz histérica e como que enrouquecida pela aguardente, a voz da minha adorável doidivanas, que dizia:

– Não vai tomar a sopa, sacripanta cabeça de vento?

XLV

A galeria de tiro e o cemitério

Diante do cemitério, uma taberna.

– Insígnia singular – disse para si mesmo o nosso vagabundo – mas ideal para dar sede! O dono desse cabaré certamente aprecia Horácio e os seguidores de Epicuro. Talvez ele conheça também as profundas sutilezas dos egípcios, para quem não havia festim sem esqueleto, ou sem algum emblema da brevidade da vida.

E ele entrou, bebeu uma cerveja de frente para as tumbas e fumou lentamente o seu cigarro. Depois, foi tomado pela ideia de descer ao cemitério, cujo mato crescia alto e convidativo, reinando lá um belo sol.

Com efeito, a luz e o calor ali davam inveja. Seria possível dizer que o sol, embriagado, recostava-se por inteiro naquele magnífico tapete de flores, cevado de destruição. Um fervilhar vasto e animado tomava conta da atmosfera: a vida dos infinitamente pequenos. Ele era interrompido, em intervalos regulares, pelo estalar dos disparos de uma galeria de tiro próxima, os quais crepitavam como explosões de rolhas de champanhe, num zunido de sinfonia em surdina.

Foi então que, com o sol a lhe cozinhar o cérebro, e naquela atmosfera onde ardiam os perfumes da Morte, ele ouviu uma voz sussurrar sob a tumba em que estava sentado. E essa voz dizia:

– Amaldiçoados sejam os seus alvos e carabinas, viventes barulhentos! Que falta de respeito com os defuntos e seu divino repouso! Amaldiçoadas sejam as suas ambições, os seus cálculos, mortais impacientes, que vêm se exercitar na arte de matar junto ao santuário da Morte! Se soubessem como é fácil ganhar o prêmio, como o alvo é fácil de atingir, e como tudo é nada, com exceção da Morte, vocês não se cansariam tanto, viventes laboriosos, e vocês perturbariam com menos frequência o sono daqueles que desde muito já acertaram o alvo, o único alvo dessa vida detestável!

XLVI

A perda da auréola

– Não acredito! Você aqui, meu caro? Neste lugar infame? Você, que só bebe quintessências? Você, que só come ambrosia?! De verdade, estou surpreso.

– Meu caro, você sabe bem o horror que me inspiram cavalos e coches. De repente, sem mais nem menos, quando eu atravessava a rua, apressado, saltitando na lama, no meio desse caos em movimento, em que a morte chega a galope por todos os lados, minha auréola, num movimento brusco, escorregou da minha cabeça e caiu no lodo do macadame. Não tive coragem de pegá-la de volta. Achei menos desagradável perder as insígnias do que arrebentar os ossos. E depois, me consolei pensando que há males que vêm para bem. Agora posso andar por aí incógnito, cometer baixezas, dar uma de crápula, como o mais simples dos mortais. E eis-me aqui, igualzinho a você, tal como você me vê!

– Você deveria ao menos pôr um anúncio da perda dessa auréola, ou notificar a polícia.

– Meu Deus, não! Estou bem assim. Só você me reconheceu. Além do mais, a dignidade é uma coisa entediante. E também me diverte a ideia de que algum mau poeta a apanhe para pôr na cabeça despudoradamente. Fazer os outros felizes é uma satisfação! E principalmente quando se trata de alguém que me faça rir! Pense em X, ou em Z! Ah! Vai ser engraçado!

XLVII

Mademoiselle Bisturi

Quando eu chegava ao final do subúrbio, caminhando sob a iluminação a gás, senti um braço que se colava suavemente ao meu, e ouvi uma voz que disse à minha orelha:

– O senhor é médico, não?

Observei. Era uma moça alta, robusta, de olhos muito abertos, discretamente maquiada, e cujos cabelos, levados pelo vento, se misturavam às fitas do chapéu.

– Não, não sou médico. Deixe-me passar.

– Ah, sim! O senhor é médico. Tenho certeza. Venha comigo até a minha casa. Quero lhe mostrar algo de que vai gostar!

– Sem dúvida que vou vê-la, *depois do médico*, mas que diabos!

– Ah! Ah! – fez ela, sempre agarrada ao meu braço e, soltando uma gargalhada, acrescentou: – O senhor é um falso médico, conheço vários desse tipo! Venha.

O mistério me apaixona, porque tenho sempre a esperança de desvendá-lo. Deixei-me, assim, conduzir por essa amiga, ou melhor, por esse inesperado enigma.

Omito a descrição do pardieiro. Pode-se encontrá-la nas páginas de velhos poetas franceses bem conhecidos. Com exceção de um detalhe que Régnier deixou passar: dois ou três retratos de médicos famosos dependurados nas paredes.

Fui mimado de todas as formas! Um belo fogo, vinho quente, charutos. E ao me oferecer essas coisas, acendendo ela mesma um charuto, a divertida criatura me disse:

– Sinta-se em casa, meu amigo. Fique à vontade. Aproveite para recordar o hospital e os tempos de juventude. Ah! E esses cabelos brancos, vêm de onde? Você não era assim. Não faz muito tempo, quando era interno de L... Lembro-me que você o auxiliava nas operações mais complicadas. Eis um homem que adora cortar, talhar e moer! Era você que lhe alcançava os instrumentos, os fios e as esponjas... Operação terminada, ele olhava para o relógio e dizia orgulhoso:

"– Cinco minutos, senhores!

"Ah, eu enxergo tudo! Conheço bem esses senhores."

Alguns instantes mais tarde, como se já fôssemos íntimos, ela retomou a velha cantilena:

– Você é médico, não é verdade, meu gatinho?

O refrão ininteligível me fez pular do sofá:

– Não! – gritei furioso.

– Cirurgião?

– Não, não! Só se for para cortar de vez a sua cabeça! Sacrossanto cibório de uma santíssima alcoviteira!

– Espere – insistiu ela –, você vai ver.

E tirou do armário um maço de papéis, que não era outra coisa senão uma coleção de retratos de médicos ilustres da época, litografados por Maurin, e que se podia ver expostos, por vários anos, no Quai Voltaire.

– Veja! Não o reconhece?

– Sim! É X... O nome está escrito aí embaixo, mas eu o conheço pessoalmente.

– Eu sabia! Veja! Esse é Z..., que, por sua vez, dizia o seguinte de X...:

"– Monstro que traz estampada na face a alma hedionda!

"Só porque o outro tinha, de um mesmo caso, uma opinião diferente! Como ríamos disso na faculdade! Você se lembra? Esse é K..., aquele que denunciou ao governo os rebeldes de quem cuidava no seu hospital. Era a época dos motins. Como é possível que um homem tão belo tenha um coração tão duro? E esse é W..., um famoso médico inglês. Eu o surpreendi em uma de suas viagem a Paris. Parece uma mulher, você não acha?"

Quando toquei num embrulho amarrado com um barbante, que ela deixara também sobre a mesinha de centro, ela disse:

– Espere um pouco. Esses são os internos, e este embrulho aqui são os externos.

E ela exibiu em leque uma quantidade de imagens fotográficas representando figuras muito mais jovens.

– A próxima vez que nos virmos, você me dará seu retrato, certo, querido?

– Mas – disse eu, seguindo também a minha própria ideia fixa – o que a faz pensar que sou médico?

– O fato de você ser assim tão gentil com as mulheres, e tratá-las tão bem!

– Raciocínio singular! – disse eu comigo mesmo.

– Ah, nisso eu não me engano. Conheci muitos. Eu amo tanto essa gente que, mesmo não estando doente, gosto de ir vê-los, pelo simples prazer de estar com eles. Alguns me dizem friamente:

"– Mas você não está doente!

"Mas há outros que me compreendem, porque sou boa para eles."

– E no caso dos que não a compreendem?

– Bem! Por tirá-los do trabalho *a troco de nada*, deixo dez francos no consolo da lareira. Eles são tão bons, tão gentis! Na *Pitié*, outro dia, descobri um jovem interno, belo como um anjo, e ainda por cima educado! E como trabalha, o coitado! Seus camaradas me contaram que ele não tem um tostão furado, porque seus pais são pobres e não lhe enviam nada. Isso me deu coragem. Apesar de não ser tão jovem, sou ainda uma mulher muito bonita. Eu lhe disse:

"– Venha me ver, venha me ver quantas vezes quiser. E não se preocupe. Dinheiro não é o problema.

"Mas você compreende que fiz ele entender isso de diversas maneiras. Não foi tão cruamente que me expressei. Eu tinha tanto medo de humilhá-lo, pobre criança! Bem! Você acredita que tenho uma ideia engraçada, que não tive coragem de contar a ele? Queria que ele viesse me ver de maleta e avental, e até um pouco sujo de sangue!"

Ela disse isso com uma expressão enternecida, como um homem sensível diria a uma atriz por quem estivesse apaixonado: "Queria vê-la vestida naquele mesmo traje do papel que a fez famosa".

Obstinado, respondi:

– Você lembra quando foi que nasceu em você essa paixão tão particular, e por que motivo?

Ela parecia não me compreender. Por fim, como se compreendesse, respondeu num tom triste, chegando, se me lembro bem, a virar os olhos para outro lado:

– Eu não sei... eu não me lembro...

Que bizarrices não encontramos em cidades grandes, quando se sai a caminhar e observar?

A vida formiga de monstros inocentes. Senhor meu Deus, meu Criador, meu Mestre, que fez a Lei e a Liberdade, que deixa as coisas correrem à vontade, que julga e que perdoa, cheio de motivos e causas, e que possivelmente meteu em meu espírito o gosto pelo horror com o objetivo de me converter o coração, como cura posta à ponta de uma lâmina; Senhor, tenha piedade, tenha piedade dos loucos e das loucas! Oh, Criador! Podem existir monstros aos olhos do único a saber por que eles existem, do único a saber como surgiram e como poderiam não ter surgido?

XLVIII

Any Where out of the World

Não importa onde, mas fora do mundo

Esta vida é um hospital em que os doentes são atormentados pelo desejo de mudar de leito. Um quer sofrer diante do aquecedor, outro imagina que se sentiria melhor perto da janela.

Quanto a mim, eu estaria sempre bem lá onde não estou, e a mudança é uma questão que estou sempre a discutir com a minha alma.

– Diga lá, alma minha, pobre alma resfriada! Não seria bom morar em Lisboa? Lá deve fazer calor, e você poderia recuperar as forças como um lagarto. Lisboa fica próxima ao mar; dizem que é construída toda em mármore, e que o povo tem tal aversão ao verde que arrancam todas as árvores. Eis uma paisagem bem a seu gosto: paisagem feita de luz, mineral e líquido para refleti-los!

Minha alma não respondeu.

– Como a você agrada tanto o repouso, somado ao espetáculo do movimento, que tal morar na Holanda, essa terra beatificante? É possível que você se divirta nesse país cuja imagem tantas vezes admirou em museus. Que tal Rotterdam, você que ama as florestas de mastros?

Minha alma continuou calada.

– A Batávia é mais sedutora, talvez? Lá encontraríamos o espírito da Europa associado à beleza tropical.

Nenhuma palavra.

Estaria ela morta, a minha alma?

– Acaso chegou você a esse ponto de entorpecimento que nada mais lhe agrada senão condescender no próprio mal? Se assim for, o melhor é fugir para esses países que são analogias da morte. Descobri o lugar perfeito para nós, pobre alma! Façamos as malas para Tornio. Ou para mais longe ainda, a ponta extrema do Báltico. E ainda mais longe da vida, se isso é possível: instalemo-nos no polo. Lá, o sol não roça a terra senão obliquamente, e o lento alternar do dia e da noite suprime a variedade e aumenta a monotonia, essa outra metade do nada. Vamos poder tomar longos banhos de trevas, enquanto que, para nos divertir, as auroras boreais vão enviar, regularmente, seus feixes cor-de-rosa, como reflexos de um fogo de artifício lançado no inferno.

Enfim, sabiamente, minha alma explodiu gritando:

– Não importa onde! Não importa onde! Desde que seja fora deste mundo!

XLIX

Dar uma coça nos pobres!

Durante quinze dias me tranquei no quarto, cercado de livros que estavam então na moda (há dezesseis ou dezessete anos). Queria falar de livros que tratam da arte de trazer felicidade aos povos, de torná-los sábios e ricos em vinte e quatro horas. Para isso eu havia digerido, enfiado goela abaixo todas as elucubrações de todos esses empreendedores do bem público, dos que aconselham os pobres a se escravizar aos que os tratam como se reis destronados fossem. Não surpreende, portanto, que eu estivesse então em um estado de espírito que oscilava entre a vertigem e a estupidez.

Eu podia sentir, confinado no fundo do meu intelecto, o germe obscuro de uma ideia superior a todas aquelas receitas de matronas virtuosas cujo repertório eu acabara de percorrer. Mas não era senão a ideia de uma ideia, algo de infinitamente vago.

E saí de casa com a garganta seca. Pois a exaltação causada por leituras tão ruins acarreta uma necessidade proporcional de espaço aberto e refrescos.

Quando eu estava prestes a entrar num cabaré, um mendigo me estendeu seu chapéu, lançando-me um olhar inesquecível desses que derrubariam tronos, se o espírito afetasse a matéria e o olho do hipnotizador tivesse força para amadurecer as uvas.

Ao mesmo tempo, ouvi uma voz que me cochichava ao pé do ouvido, uma voz que de pronto reconheci. Era a voz do anjo bondoso, ou do formidável demônio que por toda a parte me acompanha. Se Sócrates tinha o seu demônio, por que é que não teria eu meu anjo, e por que é que não teria eu a honra, como Sócrates, de ver meu atestado de loucura expedido pelo sábio Lélut ou pelo experiente Baillarger?

Há uma diferença entre o demônio de Sócrates e o meu: o de Sócrates manifestava-se sempre numa atitude defensiva, para advertir e impedir. O meu se digna a dar conselhos, sugerir, persuadir. O pobre Sócrates não tinha senão um demônio censor. O meu é um demônio que afirma sem pejo, que age, que combate.

Ora, a voz dele cochichou o seguinte:

– Só é igual a outro quem o prova sê-lo, e só é digno de liberdade aquele que sabe conquistá-la.

Sem nem pensar duas vezes, parti pra cima do mendigo. Com um murro certeiro lhe acertei o olho, que no mesmo instante inchou do tamanho de uma bola. Quebrei uma das unhas ao lhe arrebentar dois dentes, e como não me acreditava forte o bastante (minha compleição é delicada de nascença, e pouco me exercitei no boxe) para acabar de vez com aquele velhaco, agarrei-o com uma mão pelo colete, enquanto com a outra lhe segurava pela garganta, sacudindo freneticamente sua cabeça de encontro à parede. Devo confessar que havia previamente inspecionado os arredores com um golpe de vista, verificando que, naquele arrabalde deserto, eu me encontrava, por um bom tempo, fora do alcance dos agentes da polícia.

Havendo em seguida, com um pontapé que lhe estampei nas costas, enérgico o suficiente para lhe quebrar as omoplatas, lançado por terra esse sexagenário morto de fome, me servi de um galho grosso de árvore caído no chão, que usei para bater nele com a energia obstinada de um cozinheiro que quer amaciar o bife.

Eis que, de uma hora para outra, oh milagre! Oh alegria do filósofo que comprova a excelência da sua teoria! Vi essa velha carcaça se virar, se endireitar com uma energia que jamais supunha ser possível em uma máquina tão singularmente enguiçada, e, com um olhar de ódio que me pareceu *um bom augúrio*, aquele malandro decrépito partiu pra cima de mim, me arroxeou os dois olhos, me quebrou quatro dentes e, com o mesmo galho grosso, me moeu de pancadas. Meu remédio enérgico havia lhe restituído o orgulho e a vida.

Então, com um certo alarde, sinalizei a ele que dava a discussão por encerrada e, me levantando com a satisfação de um sofista do Pórtico, eu disse:

– Caríssimo, *o senhor é igual a mim*! Queira me dar a honra de compartilhar comigo da minha bolsa. E lembre-se, caso tenha uma alma de filantropo, que é preciso aplicar nos seus semelhantes, quando lhe pedirem esmola, a teoria que *dolorosamente* testei no seu dorso.

Ele me assegurou que havia compreendido a teoria, e que seguiria meu conselho.

L

Os verdadeiros cães

A M. Joseph Stevens

Nunca me envergonhei, mesmo diante dos jovens escritores do meu século, de minha admiração por Buffon. Mas, hoje, não é a alma desse pintor da natureza pomposa que invocarei em meu auxílio. Não.

Bem mais espontaneamente, eu me dirigiria a Sterne, e diria a ele:

– Desça do céu, ou faça chegar a mim os campos elíseos, para que me inspirem, em benefício dos verdadeiros cães, dos pobres cães, um canto à sua altura, sentimental farsante, farsante sem igual! Venha montado nesse famoso asno que sempre o acompanha na memória da posteridade e, sobretudo, que esse asno não se esqueça de trazer, suspenso delicadamente entre os beiços, sua insígnia imortal!

Vade retro, musa acadêmica! Nada tenho que fazer com essa beata. Invoco a musa familiar, a musa citadina, a musa viva, a fim de que ela me ajude a cantar os verdadeiros cães, os pobres cães, os cães de merda, aqueles que todos enxotam, como pestíferos e pulguentos, com exceção do pobre a quem eles estão ligados, e do poeta que a eles lança um olhar fraterno.

Arre, aos cães com ar de dândi! Arre, a esses quadrúpedes bem-nutridos, grand danois, king charles, pug carlin ou qualquer outro biltre do tipo que, deslumbrado, tenha o hábito de se lançar indiscretamente às pernas, aos joelhos do visitante, como se tivesse certeza de agradar, turbulento como uma criança, chato como uma cortesã sem amante, às vezes rabugento e insolente como um serviçal! Arre, sobretudo, a essas serpentes de quatro patas, que nada fazem senão tremer, a quem chamam galgos, e que não abrigam nos focinhos pontudos faro suficiente para seguir o rastro de um amigo, e nem nas cabeças achatadas inteligência que baste para jogar dominó!

Que vão dormir todos esses fatigantes parasitas!

Que retornem à sua casinha sedosa e estofada! Eu canto o cão de merda, o pobre cão, o cão sem casa, o cão vagabundo, o cão saltimbanco, o cão cujo instinto, como o instinto do pobre, do boêmio e do histrião, é maravilhosamente aguilhoado pela necessidade, essa mãe generosa, essa verdadeira patrona das inteligências!

Eu canto os cães calamitosos, sejam os que erram, solitários, nos barrancos sinuosos das grandes cidades, sejam os que dizem, com olhos pestanejantes e espirituais, ao homem abandonado:

– Leve-me com você, e de nossas duas misérias faremos quem sabe uma espécie de felicidade!

– *Aonde vão os cães?* – perguntava certa feita Nestor de Roqueplan, num folhetim imortal de que ele, sem dúvida, já deve ter se esquecido, e que hoje é lembrado somente por mim e talvez por Sainte-Beuve.

– Aonde vão os cães? – querem saber vocês, homens pouco atentos.

Vão tratar dos seus assuntos.

Reuniões de negócios, encontros amorosos. Através da bruma, pela neve, pela merda, sob a canícula extenuante, sob a chuva torrencial, eles vão, eles vêm, eles trotam, passam por baixo dos carros, excitados pelas pulgas, pela paixão, pela necessidade e pelo dever. Como nós, eles se levantam de madrugada para procurar o que comer ou para correr em busca dos seus prazeres.

Há aqueles que dormem junto a escombros no subúrbio e vêm, todo dia, à hora certa, pedir espórtula na porta de uma cozinha do Palais-Royal. Outros percorrem em trupes meia dúzia de locais, onde dividem a refeição que lhes foi preparada pela caridade de certas virgens sexagenárias cujo coração desocupado é dedicado às bestas, porque os homens imbecis não o querem mais.

Outros, como escravos fugitivos, perturbados pela paixão, deixam, a certas horas do dia, a sua divisão para virem à cidade, saltar por cerca de uma hora ao redor de uma bela cadela, um pouco descuidada quanto à própria toalete, mas orgulhosa e feliz.

E, sem a necessidade de cadernos, notas e carteiras, são sempre pontuais.

Por acaso vocês conhecem a preguiçosa Bélgica, e já pararam admirados como eu diante desses cães vigorosos atrelados à carroça do açougueiro, da leiteira ou do padeiro, que demonstram, pelos latidos triunfantes, o prazer orgulhoso que eles experimentam ao rivalizar com os cavalos?

E eis dois que pertencem a uma ordem ainda mais civilizada! Permitam-me introduzi-los no quarto de um saltimbanco, que no momento está ausente. Uma cama de madeira pintada, sem cortinas, cobertores espalhados e enfestados de percevejos, duas cadeiras de palha, um fogão de ferro fundido, um ou dois instrumentos musicais escangalhados. Oh! A triste mobília! Mas rogo que observem esses dois personagens inteligentes, vestidos nesses trajes ao mesmo tempo esgarçados e suntuosos, penteados como trovadores ou militares, que vigiam, com atenção de bruxa, *a obra inominável* que cozinha lentamente sobre o fogão, e ao centro da qual se ergue uma colher, plantada como um desses mastros aéreos que anunciam que a maçonaria está concluída.

Não é justo que tão zelosos comediantes só se ponham em marcha depois de haver forrado o estômago com uma bela sopa nutritiva e sólida? E não se poderia perdoar um pouco de sensualidade a esses pobres-diabos que têm de enfrentar diariamente a indiferença do público e as injustiças de um diretor que embolsa quase tudo o que arrecadam e consome, sozinho, mais sopa que seus quatro comediantes?

Quantas vezes contemplei, sorrindo e enternecido, todos esses filósofos de quatro patas, escravos complacentes, submissos ou devotos, que um dicionário republicano poderia muito bem qualificar de *oficiosos*, se a república, tão preocupada com *a felicidade* dos homens, tivesse tempo de dar atenção *à honra* dos cães!

E quantas vezes pensei que haveria talvez em alguma parte (quem sabe, depois de tudo!), para recompensar tanta coragem, tanta paciência e tanto trabalho, um paraíso especial para os verdadeiros cães, os pobres cães, os cães de merda e os desolados. Swedenborg afirma que há um para os turcos e outro para os holandeses!

Os pastores de Virgílio e Teócrito esperavam, como prêmio pelos seus cantos alternados, um bom queijo, uma bela flauta ou uma cabra de úberes inchados. O poeta que cantou os pobres cães recebeu como recompensa um belo colete, de uma cor ao mesmo tempo rica e desbotada, que lembra o sol de outono, a beleza de mulheres maduras e os verões de Saint-Martin.

Ninguém dos que estavam presentes na taberna da rua Villa-Hermosa vai esquecer com que impetuosidade o pintor, compreendendo o quanto era bom e importante cantar os pobres cães, despiu-se do seu colete em favor do poeta.

Assim um magnífico tirano italiano, dos velhos tempos, oferecia ao divino Aretino seja uma adaga enfeitada de pedras preciosas, seja um manto de cortesão, em troca de um belo soneto ou de um curioso poema satírico.

E todas as vezes que o poeta veste o colete do pintor, ele pensa nos verdadeiros cães, nos cães filósofos, nos verões de Saint-Martin e na beleza das mulheres maduras.

Epílogo

De coração alegre, subo ao topo da montanha
E ali posso contemplar a cidade debaixo do céu,
Hospital, presídio, purgatório, do inferno a sanha,

Onde como a flor floresce uma enormidade sem
véu.
Tu sabes bem, oh Satã, que da minha miséria és
mestre,
Que é livre de toda vaidade que vou lá colher o fel;

Mas como o velho devasso de um lupanar rupestre,
Quero mais é me perder nessa grande cortesã
Cujo charme infernal a mim atiça como a peste.

Se nos lençóis, preguiçosa, se revira toda manhã,
Pesada, confusa, gripada, ou se às ruas sai exibida
Em trajes noturnos bordados a ouro e com afã,

Te amo, oh capital infame! Prostituta, bandida!
Os prazeres que ofereces são tantos e tais,
Mas incompreendidos todos dos vulgares mortais.

Coleção L&PM POCKET (Lançamentos mais recentes)

485.**Sermões do Padre Antonio Vieira**
486.**Garfield numa boa (4)** – Jim Davis
487.**Mensagem** – Fernando Pessoa
488.**Vendeta** *seguido de* **A paz conjugal** – Balzac
489.**Poemas de Alberto Caeiro** – Fernando Pessoa
490.**Ferragus** – Honoré de Balzac
491.**A duquesa de Langeais** – Honoré de Balzac
492.**A menina dos olhos de ouro** – Honoré de Balzac
493.**O lírio do vale** – Honoré de Balzac
497.**A noite das bruxas** – Agatha Christie
498.**Um passe de mágica** – Agatha Christie
499.**Nêmesis** – Agatha Christie
500.**Esboço para uma teoria das emoções** – Sartre
501.**Renda básica de cidadania** – Eduardo Suplicy
502(1).**Pílulas para viver melhor** – Dr. Lucchese
503(2).**Pílulas para prolongar a juventude** – Dr. Lucchese
504(3).**Desembarcando o diabetes** – Dr. Lucchese
505(4).**Desembarcando o sedentarismo** – Dr. Fernando Lucchese e Cláudio Castro
506(5).**Desembarcando a hipertensão** – Dr. Lucchese
507(6).**Desembarcando o colesterol** – Dr. Fernando Lucchese e Fernanda Lucchese
508.**Estudos de mulher** – Balzac
509.**O terceiro tira** – Flann O'Brien
510.**100 receitas de aves e ovos** – J. A. P. Machado
511.**Garfield em toneladas de diversão** (5) – Jim Davis
512.**Trem-bala** – Martha Medeiros
513.**Os cães ladram** – Truman Capote
514.**O Kama Sutra de Vatsyayana**
515.**O crime do Padre Amaro** – Eça de Queiroz
516.**Odes de Ricardo Reis** – Fernando Pessoa
517.**O inverno da nossa desesperança** – Steinbeck
518.**Piratas do Tietê (1)** – Laerte
519.**Rê Bordosa: do começo ao fim** – Angeli
520.**O Harlem é escuro** – Chester Himes
522.**Eugénie Grandet** – Balzac
523.**O último magnata** – F. Scott Fitzgerald
524.**Carol** – Patricia Highsmith
525.**100 receitas de patisseria** – Sílvio Lancellotti
527.**Tristessa** – Jack Kerouac
528.**O diamante do tamanho do Ritz** – F. Scott Fitzgerald
529.**As melhores histórias de Sherlock Holmes** – Arthur Conan Doyle
530.**Cartas a um jovem poeta** – Rilke
532.**O misterioso sr. Quin** – Agatha Christie
533.**Os analectos** – Confúcio
536.**Ascensão e queda de César Birotteau** – Balzac
537.**Sexta-feira negra** – David Goodis
538.**Ora bolas – O humor de Mario Quintana** – Juarez Fonseca
539.**Longe daqui aqui mesmo** – Antonio Bivar
540.**É fácil matar** – Agatha Christie
541.**O pai Goriot** – Balzac
542.**Brasil, um país do futuro** – Stefan Zweig
543.**O processo** – Kafka
544.**O melhor de Hagar 4** – Dik Browne
545.**Por que não pediram a Evans?** – Agatha Christie
546.**Fanny Hill** – John Cleland
547.**O gato por dentro** – William S. Burroughs
548.**Sobre a brevidade da vida** – Sêneca
549.**Geraldão (1)** – Glauco
550.**Piratas do Tietê (2)** – Laerte
551.**Pagando o pato** – Ciça
552.**Garfield de bom humor (6)** – Jim Davis
553.**Conhece o Mário?** vol.1 – Santiago
554.**Radicci 6** – Iotti
555.**Os subterrâneos** – Jack Kerouac
556(1).**Balzac** – François Taillandier
557(2).**Modigliani** – Christian Parisot
558(3).**Kafka** – Gérard-Georges Lemaire
559(4).**Júlio César** – Joël Schmidt
560.**Receitas da família** – J. A. Pinheiro Machado
561.**Boas maneiras à mesa** – Celia Ribeiro
562(9).**Filhos sadios, pais felizes** – R. Pagnoncelli
563(10).**Fatos & mitos** – Dr. Fernando Lucchese
564.**Ménage à trois** – Paula Taitelbaum
565.**Mulheres!** – David Coimbra
566.**Poemas de Álvaro de Campos** – Fernando Pessoa
567.**Medo e outras histórias** – Stefan Zweig
568.**Snoopy e sua turma (1)** – Schulz
569.**Piadas para sempre (1)** – Visconde da Casa Verde
570.**O alvo móvel** – Ross Macdonald
571.**O melhor do Recruta Zero (2)** – Mort Walker
572.**Um sonho americano** – Norman Mailer
573.**Os broncos também amam** – Angeli
574.**Crônica de um amor louco** – Bukowski
575(5).**Freud** – René Major e Chantal Talagrand
576(6).**Picasso** – Gilles Plazy
577(7).**Gandhi** – Christine Jordis
578.**A tumba** – H. P. Lovecraft
579.**O príncipe e o mendigo** – Mark Twain
580.**Garfield, um charme de gato (7)** – Jim Davis
581.**Ilusões perdidas** – Balzac
582.**Esplendores e misérias das cortesãs** – Balzac
583.**Walter Ego** – Angeli
584.**Striptiras (1)** – Laerte
585.**Fagundes: um puxa-saco de mão cheia** – Laerte
586.**Depois do último trem** – Josué Guimarães
587.**Ricardo III** – Shakespeare
588.**Dona Anja** – Josué Guimarães
589.**24 horas na vida de uma mulher** – Stefan Zweig
591.**Mulher no escuro** – Dashiell Hammett
592.**No que acredito** – Bertrand Russell

593.**Odisseia (1): Telemaquia** – Homero
594.**O cavalo cego** – Josué Guimarães
595.**Henrique V** – Shakespeare
596.**Fabulário geral do delírio cotidiano** – Bukowski
597.**Tiros na noite 1: A mulher do bandido** – Dashiell Hammett
598.**Snoopy em Feliz Dia dos Namorados! (2)** – Schulz
600.**Crime e castigo** – Dostoiévski
601.**Mistério no Caribe** – Agatha Christie
602.**Odisseia (2): Regresso** – Homero
603.**Piadas para sempre (2)** – Visconde da Casa Verde
604.**À sombra do vulcão** – Malcolm Lowry
605(8).**Kerouac** – Yves Buin
606.**E agora são cinzas** – Angeli
607.**As mil e uma noites** – Paulo Caruso
608.**Um assassino entre nós** – Ruth Rendell
609.**Crack-up** – F. Scott Fitzgerald
610.**Do amor** – Stendhal
611.**Cartas do Yage** – William Burroughs e Allen Ginsberg
612.**Striptiras (2)** – Laerte
613.**Henry & June** – Anaïs Nin
614.**A piscina mortal** – Ross Macdonald
615.**Geraldão (2)** – Glauco
616.**Tempo de delicadeza** – A. R. de Sant'Anna
617.**Tiros na noite 2: Medo de tiro** – Dashiell Hammett
618.**Snoopy em Assim é a vida, Charlie Brown! (3)** – Schulz
619.**1954 – Um tiro no coração** – Hélio Silva
620.**Sobre a inspiração poética (Íon)** e ... – Platão
621.**Garfield e seus amigos (8)** – Jim Davis
622.**Odisseia (3): Ítaca** – Homero
623.**A louca matança** – Chester Himes
624.**Factótum** – Bukowski
625.**Guerra e Paz: volume 1** – Tolstói
626.**Guerra e Paz: volume 2** – Tolstói
627.**Guerra e Paz: volume 3** – Tolstói
628.**Guerra e Paz: volume 4** – Tolstói
629(9).**Shakespeare** – Claude Mourthé
630.**Bem está o que bem acaba** – Shakespeare
631.**O contrato social** – Rousseau
632.**Geração Beat** – Jack Kerouac
633.**Snoopy: É Natal! (4)** – Charles Schulz
634.**Testemunha da acusação** – Agatha Christie
635.**Um elefante no caos** – Millôr Fernandes
636.**Guia de leitura (100 autores que você precisa ler)** – Organização de Léa Masina
637.**Pistoleiros também mandam flores** – David Coimbra
638.**O prazer das palavras** – vol. 1 – Cláudio Moreno
639.**O prazer das palavras** – vol. 2 – Cláudio Moreno
640.**Novíssimo testamento: com Deus e o diabo, a dupla da criação** – Iotti
641.**Literatura Brasileira: modos de usar** – Luís Augusto Fischer
642.**Dicionário de Porto-Alegrês** – Luís A. Fischer
643.**Clô Dias & Noites** – Sérgio Jockymann
644.**Memorial de Isla Negra** – Pablo Neruda
645.**Um homem extraordinário e outras histórias** – Tchékhov
646.**Ana sem terra** – Alcy Cheuiche
647.**Adultérios** – Woody Allen
651.**Snoopy: Posso fazer uma pergunta, professora? (5)** – Charles Schulz
652(10).**Luís XVI** – Bernard Vincent
653.**O mercador de Veneza** – Shakespeare
654.**Cancioneiro** – Fernando Pessoa
655.**Non-Stop** – Martha Medeiros
656.**Carpinteiros, levantem bem alto a cumeeira & Seymour, uma apresentação** – J.D.Salinger
657.**Ensaios céticos** – Bertrand Russell
658.**O melhor de Hagar 5** – Dik e Chris Browne
659.**Primeiro amor** – Ivan Turguêniev
660.**A trégua** – Mario Benedetti
661.**Um parque de diversões da cabeça** – Lawrence Ferlinghetti
662.**Aprendendo a viver** – Sêneca
663.**Garfield, um gato em apuros (9)** – Jim Davis
664.**Dilbert (1)** – Scott Adams
666.**A imaginação** – Jean-Paul Sartre
667.**O ladrão e os cães** – Naguib Mahfuz
669.**A volta do parafuso** *seguido de* **Daisy Miller** – Henry James
670.**Notas do subsolo** – Dostoiévski
671.**Abobrinhas da Brasilônia** – Glauco
672.**Geraldão (3)** – Glauco
673.**Piadas para sempre (3)** – Visconde da Casa Verde
674.**Duas viagens ao Brasil** – Hans Staden
676.**A arte da guerra** – Maquiavel
677.**Além do bem e do mal** – Nietzsche
678.**O coronel Chabert** *seguido de* **A mulher abandonada** – Balzac
679.**O sorriso de marfim** – Ross Macdonald
680.**100 receitas de pescados** – Sílvio Lancellotti
681.**O juiz e seu carrasco** – Friedrich Dürrenmatt
682.**Noites brancas** – Dostoiévski
683.**Quadras ao gosto popular** – Fernando Pessoa
685.**Kaos** – Millôr Fernandes
686.**A pele de onagro** – Balzac
687.**As ligações perigosas** – Choderlos de Laclos
689.**Os Lusíadas** – Luís Vaz de Camões
690(11).**Átila** – Éric Deschodt
691.**Um jeito tranquilo de matar** – Chester Himes
692.**A felicidade conjugal** *seguido de* **O diabo** – Tolstói
693.**Viagem de um naturalista ao redor do mundo** – vol. 1 – Charles Darwin
694.**Viagem de um naturalista ao redor do mundo** – vol. 2 – Charles Darwin
695.**Memórias da casa dos mortos** – Dostoiévski
696.**A Celestina** – Fernando de Rojas
697.**Snoopy: Como você é azarado, Charlie Brown! (6)** – Charles Schulz
698.**Dez (quase) amores** – Claudia Tajes

699.**Poirot sempre espera** – Agatha Christie
701.**Apologia de Sócrates** *precedido de* **Êutifron e** *seguido de* **Críton** – Platão
702.**Wood & Stock** – Angeli
703.**Striptiras (3)** – Laerte
704.**Discurso sobre a origem e os fundamentos da desigualdade entre os homens** – Rousseau
705.**Os duelistas** – Joseph Conrad
706.**Dilbert (2)** – Scott Adams
707.**Viver e escrever** (vol. 1) – Edla van Steen
708.**Viver e escrever** (vol. 2) – Edla van Steen
709.**Viver e escrever** (vol. 3) – Edla van Steen
710.**A teia da aranha** – Agatha Christie
711.**O banquete** – Platão
712.**Os belos e malditos** – F. Scott Fitzgerald
713.**Libelo contra a arte moderna** – Salvador Dalí
714.**Akropolis** – Valerio Massimo Manfredi
715.**Devoradores de mortos** – Michael Crichton
716.**Sob o sol da Toscana** – Frances Mayes
717.**Batom na cueca** – Nani
718.**Vida dura** – Claudia Tajes
719.**Carne trêmula** – Ruth Rendell
720.**Cris, a fera** – David Coimbra
721.**O anticristo** – Nietzsche
722.**Como um romance** – Daniel Pennac
723.**Emboscada no Forte Bragg** – Tom Wolfe
724.**Assédio sexual** – Michael Crichton
725.**O espírito do Zen** – Alan W. Watts
726.**Um bonde chamado desejo** – Tennessee Williams
727.**Como gostais** *seguido de* **Conto de inverno** – Shakespeare
728.**Tratado sobre a tolerância** – Voltaire
729.**Snoopy: Doces ou travessuras? (7)** – Charles Schulz
730.**Cardápios do Anonymus Gourmet** – J.A. Pinheiro Machado
731.**100 receitas com lata** – J.A. Pinheiro Machado
732.**Conhece o Mário?** vol.2 – Santiago
733.**Dilbert (3)** – Scott Adams
734.**História de um louco amor** *seguido de* **Passado amor** – Horacio Quiroga
735(11).**Sexo: muito prazer** – Laura Meyer da Silva
736(12).**Para entender o adolescente** – Dr. Ronald Pagnoncelli
737(13).**Desembarcando a tristeza** – Dr. Fernando Lucchese
738.**Poirot e o mistério da arca espanhola & outras histórias** – Agatha Christie
739.**A última legião** – Valerio Massimo Manfredi
741.**Sol nascente** – Michael Crichton
742.**Duzentos ladrões** – Dalton Trevisan
743.**Os devaneios do caminhante solitário** – Rousseau
744.**Garfield, o rei da preguiça (10)** – Jim Davis
745.**Os magnatas** – Charles R. Morris
746.**Pulp** – Charles Bukowski
747.**Enquanto agonizo** – William Faulkner
748.**Aline: viciada em sexo (3)** – Adão Iturrusgarai
749.**A dama do cachorrinho** – Anton Tchékhov
750.**Tito Andrônico** – Shakespeare
751.**Antologia poética** – Anna Akhmátova
752.**O melhor de Hagar 6** – Dik e Chris Browne
753(12).**Michelangelo** – Nadine Sautel
754.**Dilbert (4)** – Scott Adams
755.**O jardim das cerejeiras** *seguido de* **Tio Vânia** – Tchékhov
756.**Geração Beat** – Claudio Willer
757.**Santos Dumont** – Alcy Cheuiche
758.**Budismo** – Claude B. Levenson
759.**Cleópatra** – Christian-Georges Schwentzel
760.**Revolução Francesa** – Frédéric Bluche, Stéphane Rials e Jean Tulard
761.**A crise de 1929** – Bernard Gazier
762.**Sigmund Freud** – Edson Sousa e Paulo Endo
763.**Império Romano** – Patrick Le Roux
764.**Cruzadas** – Cécile Morrisson
765.**O mistério do Trem Azul** – Agatha Christie
768.**Senso comum** – Thomas Paine
769.**O parque dos dinossauros** – Michael Crichton
770.**Trilogia da paixão** – Goethe
773.**Snoopy: No mundo da lua! (8)** – Charles Schulz
774.**Os Quatro Grandes** – Agatha Christie
775.**Um brinde de cianureto** – Agatha Christie
776.**Súplicas atendidas** – Truman Capote
779.**A viúva imortal** – Millôr Fernandes
780.**Cabala** – Roland Goetschel
781.**Capitalismo** – Claude Jessua
782.**Mitologia grega** – Pierre Grimal
783.**Economia: 100 palavras-chave** – Jean-Paul Betbèze
784.**Marxismo** – Henri Lefebvre
785.**Punição para a inocência** – Agatha Christie
786.**A extravagância do morto** – Agatha Christie
787(13).**Cézanne** – Bernard Fauconnier
788.**A identidade Bourne** – Robert Ludlum
789.**Da tranquilidade da alma** – Sêneca
790.**Um artista da fome** *seguido de* **Na colônia penal e outras histórias** – Kafka
791.**Histórias de fantasmas** – Charles Dickens
796.**O Uraguai** – Basílio da Gama
797.**A mão misteriosa** – Agatha Christie
798.**Testemunha ocular do crime** – Agatha Christie
799.**Crepúsculo dos ídolos** – Friedrich Nietzsche
802.**O grande golpe** – Dashiell Hammett
803.**Humor barra pesada** – Nani
804.**Vinho** – Jean-François Gautier
805.**Egito Antigo** – Sophie Desplancques
806(14).**Baudelaire** – Jean-Baptiste Baronian
807.**Caminho da sabedoria, caminho da paz** – Dalai Lama e Felizitas von Schönborn
808.**Senhor e servo e outras histórias** – Tolstói
809.**Os cadernos de Malte Laurids Brigge** – Rilke
810.**Dilbert (5)** – Scott Adams
811.**Big Sur** – Jack Kerouac
812.**Seguindo a correnteza** – Agatha Christie
813.**O álibi** – Sandra Brown
814.**Montanha-russa** – Martha Medeiros
815.**Coisas da vida** – Martha Medeiros
816.**A cantada infalível** *seguido de* **A mulher do centroavante** – David Coimbra

819.**Snoopy: Pausa para a soneca (9)** – Charles Schulz
820.**De pernas pro ar** – Eduardo Galeano
821.**Tragédias gregas** – Pascal Thiercy
822.**Existencialismo** – Jacques Colette
823.**Nietzsche** – Jean Granier
824.**Amar ou depender?** – Walter Riso
825.**Darmapada: A doutrina budista em versos**
826.**J'Accuse...! – a verdade em marcha** – Zola
827.**Os crimes ABC** – Agatha Christie
828.**Um gato entre os pombos** – Agatha Christie
831.**Dicionário de teatro** – Luiz Paulo Vasconcellos
832.**Cartas extraviadas** – Martha Medeiros
833.**A longa viagem de prazer** – J. J. Morosoli
834.**Receitas fáceis** – J. A. Pinheiro Machado
835.(14).**Mais fatos & mitos** – Dr. Fernando Lucchese
836.(15).**Boa viagem!** – Dr. Fernando Lucchese
837.**Aline: Finalmente nua!!!** (4) – Adão Iturrusgarai
838.**Mônica tem uma novidade!** – Mauricio de Sousa
839.**Cebolinha em apuros!** – Mauricio de Sousa
840.**Sócios no crime** – Agatha Christie
841.**Bocas do tempo** – Eduardo Galeano
842.**Orgulho e preconceito** – Jane Austen
843.**Impressionismo** – Dominique Lobstein
844.**Escrita chinesa** – Viviane Alleton
845.**Paris: uma história** – Yvan Combeau
846(15).**Van Gogh** – David Haziot
848.**Portal do destino** – Agatha Christie
849.**O futuro de uma ilusão** – Freud
850.**O mal-estar na cultura** – Freud
853.**Um crime adormecido** – Agatha Christie
854.**Satori em Paris** – Jack Kerouac
855.**Medo e delírio em Las Vegas** – Hunter Thompson
856.**Um negócio fracassado e outros contos de humor** – Tchékhov
857.**Mônica está de férias!** – Mauricio de Sousa
858.**De quem é esse coelho?** – Mauricio de Sousa
860.**O mistério Sittaford** – Agatha Christie
861.**Manhã transfigurada** – L. A. de Assis Brasil
862.**Alexandre, o Grande** – Pierre Briant
863.**Jesus** – Charles Perrot
864.**Islã** – Paul Balta
865.**Guerra da Secessão** – Farid Ameur
866.**Um rio que vem da Grécia** – Cláudio Moreno
868.**Assassinato na casa do pastor** – Agatha Christie
869.**Manual do líder** – Napoleão Bonaparte
870(16).**Billie Holiday** – Sylvia Fol
871.**Bidu arrasando!** – Mauricio de Sousa
872.**Os Sousa: Desventuras em família** – Mauricio de Sousa
874.**E no final a morte** – Agatha Christie
875.**Guia prático do Português correto – vol. 4** – Cláudio Moreno
876.**Dilbert (6)** – Scott Adams
877(17).**Leonardo da Vinci** – Sophie Chauveau
878.**Bella Toscana** – Frances Mayes
879.**A arte da ficção** – David Lodge
880.**Striptiras (4)** – Laerte
881.**Skrotinhos** – Angeli
882.**Depois do funeral** – Agatha Christie
883.**Radicci 7** – Iotti
884.**Walden** – H. D. Thoreau
885.**Lincoln** – Allen C. Guelzo
886.**Primeira Guerra Mundial** – Michael Howard
887.**A linha de sombra** – Joseph Conrad
888.**O amor é um cão dos diabos** – Bukowski
890.**Despertar: uma vida de Buda** – Jack Kerouac
891(18).**Albert Einstein** – Laurent Seksik
892.**Hell's Angels** – Hunter Thompson
893.**Ausência na primavera** – Agatha Christie
894.**Dilbert (7)** – Scott Adams
895.**Ao sul de lugar nenhum** – Bukowski
896.**Maquiavel** – Quentin Skinner
897.**Sócrates** – C.C.W. Taylor
899.**O Natal de Poirot** – Agatha Christie
900.**As veias abertas da América Latina** – Eduardo Galeano
901.**Snoopy: Sempre alerta! (10)** – Charles Schulz
902.**Chico Bento: Plantando confusão** – Mauricio de Sousa
903.**Penadinho: Quem é morto sempre aparece** – Mauricio de Sousa
904.**A vida sexual da mulher feia** – Claudia Tajes
905.**100 segredos de liquidificador** – José Antonio Pinheiro Machado
906.**Sexo muito prazer 2** – Laura Meyer da Silva
907.**Os nascimentos** – Eduardo Galeano
908.**As caras e as máscaras** – Eduardo Galeano
909.**O século do vento** – Eduardo Galeano
910.**Poirot perde uma cliente** – Agatha Christie
911.**Cérebro** – Michael O'Shea
912.**O escaravelho de ouro e outras histórias** – Edgar Allan Poe
913.**Piadas para sempre (4)** – Visconde da Casa Verde
914.**100 receitas de massas light** – Helena Tonetto
915(19).**Oscar Wilde** – Daniel Salvatore Schiffer
916.**Uma breve história do mundo** – H. G. Wells
917.**A Casa do Penhasco** – Agatha Christie
919.**John M. Keynes** – Bernard Gazier
920(20).**Virginia Woolf** – Alexandra Lemasson
921.**Peter e Wendy** *seguido de* **Peter Pan em Kensington Gardens** – J. M. Barrie
922.**Aline: numas de colegial (5)** – Adão Iturrusgarai
923.**Uma dose mortal** – Agatha Christie
924.**Os trabalhos de Hércules** – Agatha Christie
926.**Kant** – Roger Scruton
927.**A inocência do Padre Brown** – G.K. Chesterton
928.**Casa Velha** – Machado de Assis
929.**Marcas de nascença** – Nancy Huston
930.**Aulete de bolso**
931.**Hora Zero** – Agatha Christie
932.**Morte na Mesopotâmia** – Agatha Christie
934.**Nem te conto, João** – Dalton Trevisan
935.**As aventuras de Huckleberry Finn** – Mark Twain
936(21).**Marilyn Monroe** – Anne Plantagenet
937.**China moderna** – Rana Mitter
938.**Dinossauros** – David Norman

939.**Louca por homem** – Claudia Tajes
940.**Amores de alto risco** – Walter Riso
941.**Jogo de damas** – David Coimbra
942.**Filha é filha** – Agatha Christie
943.**M ou N?** – Agatha Christie
945.**Bidu: diversão em dobro!** – Mauricio de Sousa
946.**Fogo** – Anaïs Nin
947.**Rum: diário de um jornalista bêbado** – Hunter Thompson
948.**Persuasão** – Jane Austen
949.**Lágrimas na chuva** – Sergio Faraco
950.**Mulheres** – Bukowski
951.**Um pressentimento funesto** – Agatha Christie
952.**Cartas na mesa** – Agatha Christie
954.**O lobo do mar** – Jack London
955.**Os gatos** – Patricia Highsmith
956(22).**Jesus** – Christiane Rancé
957.**História da medicina** – William Bynum
958.**O Morro dos Ventos Uivantes** – Emily Brontë
959.**A filosofia na era trágica dos gregos** – Nietzsche
960.**Os treze problemas** – Agatha Christie
961.**A massagista japonesa** – Moacyr Scliar
963.**Humor do miserê** – Nani
964.**Todo o mundo tem dúvida, inclusive você** – Édison de Oliveira
965.**A dama do Bar Nevada** – Sergio Faraco
969.**O psicopata americano** – Bret Easton Ellis
970.**Ensaios de amor** – Alain de Botton
971.**O grande Gatsby** – F. Scott Fitzgerald
972.**Por que não sou cristão** – Bertrand Russell
973.**A Casa Torta** – Agatha Christie
974.**Encontro com a morte** – Agatha Christie
975(23).**Rimbaud** – Jean-Baptiste Baronian
976.**Cartas na rua** – Bukowski
977.**Memória** – Jonathan K. Foster
978.**A abadia de Northanger** – Jane Austen
979.**As pernas de Úrsula** – Claudia Tajes
980.**Retrato inacabado** – Agatha Christie
981.**Solanin (1)** – Inio Asano
982.**Solanin (2)** – Inio Asano
983.**Aventuras de menino** – Mitsuru Adachi
984(16).**Fatos & mitos sobre sua alimentação** – Dr. Fernando Lucchese
985.**Teoria quântica** – John Polkinghorne
986.**O eterno marido** – Fiódor Dostoiévski
987.**Um safado em Dublin** – J. P. Donleavy
988.**Mirinha** – Dalton Trevisan
989.**Akhenaton e Nefertiti** – Carmen Seganfredo e A. S. Franchini
990.**On the Road – o manuscrito original** – Jack Kerouac
991.**Relatividade** – Russell Stannard
992.**Abaixo de zero** – Bret Easton Ellis
993(24).**Andy Warhol** – Mériam Korichi
995.**Os últimos casos de Miss Marple** – Agatha Christie
996.**Nico Demo: Aí vem encrenca** – Mauricio de Sousa
998.**Rousseau** – Robert Wokler
999.**Noite sem fim** – Agatha Christie
1000.**Diários de Andy Warhol (1)** – Editado por Pat Hackett
1001.**Diários de Andy Warhol (2)** – Editado por Pat Hackett
1002.**Cartier-Bresson: o olhar do século** – Pierre Assouline
1003.**As melhores histórias da mitologia: vol. 1** – A.S. Franchini e Carmen Seganfredo
1004.**As melhores histórias da mitologia: vol. 2** – A.S. Franchini e Carmen Seganfredo
1005.**Assassinato no beco** – Agatha Christie
1006.**Convite para um homicídio** – Agatha Christie
1008.**História da vida** – Michael J. Benton
1009.**Jung** – Anthony Stevens
1010.**Arsène Lupin, ladrão de casaca** – Maurice Leblanc
1011.**Dublinenses** – James Joyce
1012.**120 tirinhas da Turma da Mônica** – Mauricio de Sousa
1013.**Antologia poética** – Fernando Pessoa
1014.**A aventura de um cliente ilustre** ***seguido de*** **O último adeus de Sherlock Holmes** – Sir Arthur Conan Doyle
1015.**Cenas de Nova York** – Jack Kerouac
1016.**A corista** – Anton Tchékhov
1017.**O diabo** – Leon Tolstói
1018.**Fábulas chinesas** – Sérgio Capparelli e Márcia Schmaltz
1019.**O gato do Brasil** – Sir Arthur Conan Doyle
1020.**Missa do Galo** – Machado de Assis
1021.**O mistério de Marie Rogêt** – Edgar Allan Poe
1022.**A mulher mais linda da cidade** – Bukowski
1023.**O retrato** – Nicolai Gogol
1024.**O conflito** – Agatha Christie
1025.**Os primeiros casos de Poirot** – Agatha Christie
1027(25).**Beethoven** – Bernard Fauconnier
1028.**Platão** – Julia Annas
1029.**Cleo e Daniel** – Roberto Freire
1030.**Til** – José de Alencar
1031.**Viagens na minha terra** – Almeida Garrett
1032.**Profissões para mulheres e outros artigos feministas** – Virginia Woolf
1033.**Mrs. Dalloway** – Virginia Woolf
1034.**O cão da morte** – Agatha Christie
1035.**Tragédia em três atos** – Agatha Christie
1037.**O fantasma da Ópera** – Gaston Leroux
1038.**Evolução** – Brian e Deborah Charlesworth
1039.**Medida por medida** – Shakespeare
1040.**Razão e sentimento** – Jane Austen
1041.**A obra-prima ignorada** ***seguido de*** **Um episódio durante o Terror** – Balzac
1042.**A fugitiva** – Anaïs Nin
1043.**As grandes histórias da mitologia greco-romana** – A. S. Franchini
1044.**O corno de si mesmo & outras historietas** – Marquês de Sade
1045.**Da felicidade** ***seguido de*** **Da vida retirada** – Sêneca
1046.**O horror em Red Hook e outras histórias** – H. P. Lovecraft

1047.**Noite em claro** – Martha Medeiros
1048.**Poemas clássicos chineses** – Li Bai, Du Fu e Wang Wei
1049.**A terceira moça** – Agatha Christie
1050.**Um destino ignorado** – Agatha Christie
1051(26).**Buda** – Sophie Royer
1052.**Guerra Fria** – Robert J. McMahon
1053.**Simons's Cat: as aventuras de um gato travesso e comilão – vol. 1** – Simon Tofield
1054.**Simons's Cat: as aventuras de um gato travesso e comilão – vol. 2** – Simon Tofield
1055.**Só as mulheres e as baratas sobreviverão** – Claudia Tajes
1057.**Pré-história** – Chris Gosden
1058.**Pintou sujeira!** – Mauricio de Sousa
1059.**Contos de Mamãe Gansa** – Charles Perrault
1060.**A interpretação dos sonhos: vol. 1** – Freud
1061.**A interpretação dos sonhos: vol. 2** – Freud
1062.**Frufru Rataplã Dolores** – Dalton Trevisan
1063.**As melhores histórias da mitologia egípcia** – Carmem Seganfredo e A.S. Franchini
1064.**Infância. Adolescência. Juventude** – Tolstói
1065.**As consolações da filosofia** – Alain de Botton
1066.**Diários de Jack Kerouac – 1947-1954**
1067.**Revolução Francesa – vol. 1** – Max Gallo
1068.**Revolução Francesa – vol. 2** – Max Gallo
1069.**O detetive Parker Pyne** – Agatha Christie
1070.**Memórias do esquecimento** – Flávio Tavares
1071.**Drogas** – Leslie Iversen
1072.**Manual de ecologia (vol.2)** – J. Lutzenberger
1073.**Como andar no labirinto** – Affonso Romano de Sant'Anna
1074.**A orquídea e o serial killer** – Juremir Machado da Silva
1075.**Amor nos tempos de fúria** – Lawrence Ferlinghetti
1076.**A aventura do pudim de Natal** – Agatha Christie
1078.**Amores que matam** – Patricia Faur
1079.**Histórias de pescador** – Mauricio de Sousa
1080.**Pedaços de um caderno manchado de vinho** – Bukowski
1081.**A ferro e fogo: tempo de solidão (vol.1)** – Josué Guimarães
1082.**A ferro e fogo: tempo de guerra (vol.2)** – Josué Guimarães
1084(17).**Desembarcando o Alzheimer** – Dr. Fernando Lucchese e Dra. Ana Hartmann
1085.**A maldição do espelho** – Agatha Christie
1086.**Uma breve história da filosofia** – Nigel Warburton
1088.**Heróis da História** – Will Durant
1089.**Concerto campestre** – L. A. de Assis Brasil
1090.**Morte nas nuvens** – Agatha Christie
1092.**Aventura em Bagdá** – Agatha Christie
1093.**O cavalo amarelo** – Agatha Christie
1094.**O método de interpretação dos sonhos** – Freud
1095.**Sonetos de amor e desamor** – Vários
1096.**120 tirinhas do Dilbert** – Scott Adams
1097.**200 fábulas de Esopo**
1098.**O curioso caso de Benjamin Button** – F. Scott Fitzgerald
1099.**Piadas para sempre: uma antologia para morrer de rir** – Visconde da Casa Verde
1100.**Hamlet (Mangá)** – Shakespeare
1101.**A arte da guerra (Mangá)** – Sun Tzu
1104.**As melhores histórias da Bíblia (vol.1)** – A. S. Franchini e Carmen Seganfredo
1105.**As melhores histórias da Bíblia (vol.2)** – A. S. Franchini e Carmen Seganfredo
1106.**Psicologia das massas e análise do eu** – Freud
1107.**Guerra Civil Espanhola** – Helen Graham
1108.**A autoestrada do sul e outras histórias** – Julio Cortázar
1109.**O mistério dos sete relógios** – Agatha Christie
1110.**Peanuts: Ninguém gosta de mim... (amor)** – Charles Schulz
1111.**Cadê o bolo?** – Mauricio de Sousa
1112.**O filósofo ignorante** – Voltaire
1113.**Totem e tabu** – Freud
1114.**Filosofia pré-socrática** – Catherine Osborne
1115.**Desejo de status** – Alain de Botton
1118.**Passageiro para Frankfurt** – Agatha Christie
1120.**Kill All Enemies** – Melvin Burgess
1121.**A morte da sra. McGinty** – Agatha Christie
1122.**Revolução Russa** – S. A. Smith
1123.**Até você, Capitu?** – Dalton Trevisan
1124.**O grande Gatsby (Mangá)** – F. S. Fitzgerald
1125.**Assim falou Zaratustra (Mangá)** – Nietzsche
1126. **Peanuts: É para isso que servem os amigos (amizade)** – Charles Schulz
1127(27).**Nietzsche** – Dorian Astor
1128.**Bidu: Hora do banho** – Mauricio de Sousa
1129.**O melhor do Macanudo Taurino** – Santiago
1130.**Radicci 30 anos** – Iotti
1131.**Show de sabores** – J.A. Pinheiro Machado
1132.**O prazer das palavras** – vol. 3 – Cláudio Moreno
1133.**Morte na praia** – Agatha Christie
1134.**O fardo** – Agatha Christie
1135.**Manifesto do Partido Comunista (Mangá)** – Marx & Engels
1136.**A metamorfose (Mangá)** – Franz Kafka
1137.**Por que você não se casou... ainda** – Tracy McMillan
1138.**Textos autobiográficos** – Bukowski
1139.**A importância de ser prudente** – Oscar Wilde
1140.**Sobre a vontade na natureza** – Arthur Schopenhauer
1141.**Dilbert (8)** – Scott Adams
1142.**Entre dois amores** – Agatha Christie
1143.**Cipreste triste** – Agatha Christie
1144.**Alguém viu uma assombração?** – Mauricio de Sousa
1145.**Mandela** – Elleke Boehmer
1146.**Retrato do artista quando jovem** – James Joyce
1147.**Zadig ou o destino** – Voltaire
1148.**O contrato social (Mangá)** – J.-J. Rousseau
1149.**Garfield fenomenal** – Jim Davis
1150.**A queda da América** – Allen Ginsberg
1151.**Música na noite & outros ensaios** – Aldous Huxley

1152.**Poesias inéditas & Poemas dramáticos** – Fernando Pessoa
1153.**Peanuts: Felicidade é...** – Charles M. Schulz
1154.**Mate-me por favor** – Legs McNeil e Gillian McCain
1155.**Assassinato no Expresso Oriente** – Agatha Christie
1156.**Um punhado de centeio** – Agatha Christie
1157.**A interpretação dos sonhos (Mangá)** – Freud
1158.**Peanuts: Você não entende o sentido da vida** – Charles M. Schulz
1159.**A dinastia Rothschild** – Herbert R. Lottman
1160.**A Mansão Hollow** – Agatha Christie
1161.**Nas montanhas da loucura** – H.P. Lovecraft
1162(28).**Napoleão Bonaparte** – Pascale Fautrier
1163.**Um corpo na biblioteca** – Agatha Christie
1164.**Inovação** – Mark Dodgson e David Gann
1165.**O que toda mulher deve saber sobre os homens: a afetividade masculina** – Walter Riso
1166.**O amor está no ar** – Mauricio de Sousa
1167.**Testemunha de acusação & outras histórias** – Agatha Christie
1168.**Etiqueta de bolso** – Celia Ribeiro
1169.**Poesia reunida (volume 3)** – Affonso Romano de Sant'Anna
1170.**Emma** – Jane Austen
1171.**Que seja em segredo** – Ana Miranda
1172.**Garfield sem apetite** – Jim Davis
1173.**Garfield: Foi mal...** – Jim Davis
1174.**Os irmãos Karamázov (Mangá)** – Dostoiévski
1175.**O Pequeno Príncipe** – Antoine de Saint-Exupéry
1176.**Peanuts: Ninguém mais tem o espírito aventureiro** – Charles M. Schulz
1177.**Assim falou Zaratustra** – Nietzsche
1178.**Morte no Nilo** – Agatha Christie
1179.**Ê, soneca boa** – Mauricio de Sousa
1180.**Garfield a todo o vapor** – Jim Davis
1181.**Em busca do tempo perdido (Mangá)** – Proust
1182.**Cai o pano: o último caso de Poirot** – Agatha Christie
1183.**Livro para colorir e relaxar** – Livro 1
1184.**Para colorir sem parar**
1185.**Os elefantes não esquecem** – Agatha Christie
1186.**Teoria da relatividade** – Albert Einstein
1187.**Compêndio da psicanálise** – Freud
1188.**Visões de Gerard** – Jack Kerouac
1189.**Fim de verão** – Mohiro Kitoh
1190.**Procurando diversão** – Mauricio de Sousa
1191.**E não sobrou nenhum e outras peças** – Agatha Christie
1192.**Ansiedade** – Daniel Freeman & Jason Freeman
1193.**Garfield: pausa para o almoço** – Jim Davis
1194.**Contos do dia e da noite** – Guy de Maupassant
1195.**O melhor de Hagar 7** – Dik Browne
1196(29).**Lou Andreas-Salomé** – Dorian Astor
1197(30).**Pasolini** – René de Ceccatty
1198.**O caso do Hotel Bertram** – Agatha Christie
1199.**Crônicas de motel** – Sam Shepard
1200.**Pequena filosofia da paz interior** – Catherine Rambert
1201.**Os sertões** – Euclides da Cunha
1202.**Treze à mesa** – Agatha Christie
1203.**Bíblia** – John Riches
1204.**Anjos** – David Albert Jones
1205.**As tirinhas do Guri de Uruguaiana 1** – Jair Kobe
1206.**Entre aspas (vol.1)** – Fernando Eichenberg
1207.**Escrita** – Andrew Robinson
1208.**O spleen de Paris: pequenos poemas em prosa** – Charles Baudelaire
1209.**Satíricon** – Petrônio
1210.**O avarento** – Molière
1211.**Queimando na água, afogando-se na chama** – Bukowski
1212.**Miscelânea septuagenária: contos e poemas** – Bukowski
1213.**Que filosofar é aprender a morrer e outros ensaios** – Montaigne
1214.**Da amizade e outros ensaios** – Montaigne
1215.**O medo à espreita e outras histórias** – H.P. Lovecraft
1216.**A obra de arte na era de sua reprodutibilidade técnica** – Walter Benjamin
1217.**Sobre a liberdade** – John Stuart Mill
1218.**O segredo de Chimneys** – Agatha Christie
1219.**Morte na rua Hickory** – Agatha Christie
1220.**Ulisses (Mangá)** – James Joyce
1221.**Ateísmo** – Julian Baggini
1222.**Os melhores contos de Katherine Mansfield** – Katherine Mansfied
1223(31).**Martin Luther King** – Alain Foix
1224.**Millôr Definitivo: uma antologia de *A Bíblia do Caos*** – Millôr Fernandes
1225.**O Clube das Terças-Feiras e outras histórias** – Agatha Christie
1226.**Por que sou tão sábio** – Nietzsche
1227.**Sobre a mentira** – Platão
1228.**Sobre a leitura *seguido do* Depoimento de Céleste Albaret** – Proust
1229.**O homem do terno marrom** – Agatha Christie
1230(32).**Jimi Hendrix** – Franck Médioni
1231.**Amor e amizade e outras histórias** – Jane Austen
1232.**Lady Susan, Os Watson e Sanditon** – Jane Austen
1233.**Uma breve história da ciência** – William Bynum
1234.**Macunaíma: o herói sem nenhum caráter** – Mário de Andrade
1235.**A máquina do tempo** – H.G. Wells
1236.**O homem invisível** – H.G. Wells
1237.**Os 36 estratagemas: manual secreto da arte da guerra** – Anônimo
1238.**A mina de ouro e outras histórias** – Agatha Christie
1239.**Pic** – Jack Kerouac
1240.**O habitante da escuridão e outros contos** – H.P. Lovecraft

1.**O chamado de Cthulhu e outros contos** – H.P. Lovecraft
2.**O melhor de Meu reino por um cavalo!** – Edição de Ivan Pinheiro Machado
3.**A guerra dos mundos** – H.G. Wells
1244.**O caso da criada perfeita e outras histórias** – Agatha Christie
1245.**Morte por afogamento e outras histórias** – Agatha Christie
1246.**Assassinato no Comitê Central** – Manuel Vázquez Montalbán
1247.**O papai é pop** – Marcos Piangers
1248.**O papai é pop 2** – Marcos Piangers
1249.**A mamãe é rock** – Ana Cardoso
1250.**Paris boêmia** – Dan Franck
1251.**Paris libertária** – Dan Franck
1252.**Paris ocupada** – Dan Franck
1253.**Uma anedota infame** – Dostoiévski
1254.**O último dia de um condenado** – Victor Hugo
1255.**Nem só de caviar vive o homem** – J.M. Simmel
1256.**Amanhã é outro dia** – J.M. Simmel
1257.**Mulherzinhas** – Louisa May Alcott
1258.**Reforma Protestante** – Peter Marshall
1259.**História econômica global** – Robert C. Allen
1260(33).**Che Guevara** – Alain Foix
1261.**Câncer** – Nicholas James
1262.**Akhenaton** – Agatha Christie
1263.**Aforismos para a sabedoria de vida** – Arthur Schopenhauer
1264.**Uma história do mundo** – David Coimbra
1265.**Ame e não sofra** – Walter Riso
1266.**Desapegue-se!** – Walter Riso
1267.**Os Sousa: Uma famíla do barulho** – Mauricio de Sousa
1268.**Nico Demo: O rei da travessura** – Mauricio de Sousa
1269.**Testemunha de acusação e outras peças** – Agatha Christie
1270(34).**Dostoiévski** – Virgil Tanase
1271.**O melhor de Hagar 8** – Dik Browne
1272.**O melhor de Hagar 9** – Dik Browne
1273.**O melhor de Hagar 10** – Dik e Chris Browne
1274.**Considerações sobre o governo representativo** – John Stuart Mill
1275.**O homem Moisés e a religião monoteísta** – Freud
1276.**Inibição, sintoma e medo** – Freud
1277.**Além do princípio de prazer** – Freud
1278.**O direito de dizer não!** – Walter Riso
1279.**A arte de ser flexível** – Walter Riso
1280.**Casados e descasados** – August Strindberg
1281.**Da Terra à Lua** – Júlio Verne
1282.**Minhas galerias e meus pintores** – Kahnweiler
1283.**A arte do romance** – Virginia Woolf
1284.**Teatro completo v. 1: As aves da noite** *seguido de* **O visitante** – Hilda Hilst
1285.**Teatro completo v. 2: O verdugo** *seguido de* **A morte do patriarca** – Hilda Hilst
1286.**Teatro completo v. 3: O rato no muro** *seguido de* **Auto da barca de Camiri** – Hilda Hilst
1287.**Teatro completo v. 4: A empresa** *seguido de* **O novo sistema** – Hilda Hilst
1288.**Sapiens: Uma breve história da humanidade** – Yuval Noah Harari
1289.**Fora de mim** – Martha Medeiros
1290.**Divã** – Martha Medeiros
1291.**Sobre a genealogia da moral: um escrito polêmico** – Nietzsche
1292.**A consciência de Zeno** – Italo Svevo
1293.**Células-tronco** – Jonathan Slack
1294.**O fim do ciúme e outros contos** – Proust
1295.**A jangada** – Júlio Verne
1296.**A ilha do dr. Moreau** – H.G. Wells
1297.**Ninho de fidalgos** – Ivan Turguêniev
1298.**Jane Eyre** – Charlotte Brontë
1299.**Sobre gatos** – Bukowski
1300.**Sobre o amor** – Bukowski
1301.**Escrever para não enlouquecer** – Bukowski
1302.**222 receitas** – J. A. Pinheiro Machado
1303.**Reinações de Narizinho** – Monteiro Lobato
1304.**O Saci** – Monteiro Lobato
1305.**Memórias da Emília** – Monteiro Lobato
1306.**O Picapau Amarelo** – Monteiro Lobato
1307.**A reforma da Natureza** – Monteiro Lobato
1308.**Fábulas** *seguido de* **Histórias diversas** – Monteiro Lobato
1309.**Aventuras de Hans Staden** – Monteiro Lobato
1310.**Peter Pan** – Monteiro Lobato
1311.**Dom Quixote das crianças** – Monteiro Lobato
1312.**O Minotauro** – Monteiro Lobato
1313.**Um quarto só seu** – Virginia Woolf
1314.**Sonetos** – Shakespeare
1315(35).**Thoreau** – Marie Berthoumieu e Laura El Makki
1316.**Teoria da arte** – Cynthia Freeland
1317.**A arte da prudência** – Baltasar Gracián
1318.**O louco** *seguido de* **Areia e espuma** – Khalil Gibran
1319.**O profeta** *seguido de* **O jardim do profeta** – Khalil Gibran
1320.**Jesus, o Filho do Homem** – Khalil Gibran
1321.**A luta** – Norman Mailer
1322.**Sobre o sofrimento do mundo e outros ensaios** – Schopenhauer
1323.**Epidemiologia** – Rodolfo Saracci
1324.**Japão moderno** – Christopher Goto-Jones
1325.**A arte da meditação** – Matthieu Ricard
1326.**O adversário secreto** – Agatha Christie
1327.**Pollyanna** – Eleanor H. Porter
1328.**Espelhos** – Eduardo Galeano
1329.**A Vênus das peles** – Sacher-Masoch
1330.**O 18 de brumário de Luís Bonaparte** – Karl Marx
1331.**Um jogo para os vivos** – Patricia Highsmith
1332.**A tristeza pode esperar** – J.J. Camargo
1333.**Vinte poemas de amor e uma canção desesperada** – Pablo Neruda
1334.**Judaísmo** – Norman Solomon
1335.**Esquizofrenia** – Christopher Frith & Eve Johnstone
1336.**Seis personagens em busca de um autor** – Luigi Pirandello

lepmeditores
www.lpm.com.br
o site que conta tudo

IMPRESSÃO:

PALLOTTI
GRÁFICA

Santa Maria - RS | Fone: (55) 3220.4500
www.graficapallotti.com.br